AF199443

Frederic Hormuth

Bullshit ist kein Dünger

Das Buch zur Show zum Shit

Bibliografische Information
der Deutschen Nationalbibliothek:
Die Deutsche Nationalbibliothek verzeichnet diese
Publikation in der Deutschen Nationalbibliografie;
detaillierte bibliografische Daten sind im Internet über
http://dnb.dnb.de abrufbar.

Korrektorat: Kathrin Hentzschel
Scribbles: Frederic Hormuth
Foto: Sven Klügl

Herstellung und Verlag: BoD – Books on Demand,
Norderstedt

ISBN: 978-3-7504-0480-9

„Die entscheidende Frage ist doch: Wie hat es so weit kommen können, dass wir an einem Punkt angelangt sind, wo man sagen muss, hier sind wir."

Matthias Beltz

VORWORT

Als ich den Titel meines Programms „Bullshit ist kein Dünger" vorab herumerzählt habe, gab es jede Menge zustimmendes Kopfnicken. Bullshit ist ein allgegenwärtiges Phänomen. Viele haben das Gefühl, dass er überhandgenommen hat und ein großes Thema ist. Mancherorts ist er sogar Präsident.

Ich habe mich dann auf die Suche gemacht. Nach dem, was dahintersteckt. Nach denen, die dahinterstecken. Und nach dem Kraut, das dagegen gewachsen ist. Und, genau wie im Bühnenprogramm, werde ich im ersten Teil des Buches fröhlich Beispiele aus Politik und Alltag, Gegenwart und Vergangenheit sowie Phantasie und Wirklichkeit sammeln, um dann später erkenntnistheoretisch die Fäden zusammenzuziehen.

Das wird toll. Das wird im besten Falle ein Akt der Aufklärung. Wenn es schiefgeht, wird es hoffentlich immer noch lustig gewesen sein. Das Risiko müssen Sie eingehen, wenn Sie sich in solchen Dingen auf einen Kabarettisten verlassen wollen.

Einige Texte aus dem vorangegangenen Programm „Halt die Klappe, wir müssen reden" habe ich hier behutsam integriert, weil auch in ihnen guter Bullshit zu finden ist. Und: Ich habe mich bewusst dafür entschieden, auch die gedanklichen Abschweifungen, die absurderen Scherze und sogar einige Songtexte des Bühnenprogramms zu übernehmen. Damit das Buch denselben satirischen Geist atmet wie die Show. Damit der Leser sich immer dessen bewusst ist, dass es sich um ein unsachliches Sachbuch handelt.

Eben Kabarett zum Lesen. Eine Art Kochbuch voller Zutaten und Serviervorschläge, aus denen Sie sich bei entsprechendem Appetit gerne ein nahrhaftes Weltbild zubereiten können. Ich hab' da mal was vorbereitet …

Bullshit ist überall, und irgendwie wird er auch immer mehr. Jeder steht mittlerweile unter Bullshit-Verdacht. Ich, das ist kein Problem, damit kann ich umgehen, das ist in meinem Beruf Ehrensache.

Das Kabarett muss sich deswegen aber auch immer öfter rechtfertigen, mit einem „Faktencheck". Muss Quellen angeben, weiterführende Links und Literatur. Im Grunde dürfte ich die Zuschauer ohne ein mehrseitiges Handout gar nicht mehr alleine nach Hause lassen!

Da denke ich inzwischen immer: Bitte, es ist doch nur Kabarett! Weil der Journalismus versagt hat, muss das Kabarett jetzt die Welt erklären? Wenn das so ist, haben wir echt verloren. Weil die Politik sich verstolpert hat, sollen *wir* jetzt für Orientierung sorgen?

Aufklärung vom Kabarettisten, das ist ein bisschen wie eine Ernährungsberatung bei McDonald's. Nur, weil du da eine Tüte mit Apfelschnitten kaufen *könntest*, wirst du nicht automatisch schlank!

Aber auch Sie stehen unter Verdacht, da dürfen wir uns nichts vormachen. Sie haben ein Buch mit „Bullshit" im Titel gekauft, allein das ist natürlich fragwürdig.

BULLSHIT ÜBERALL

Wem kann man heute überhaupt noch trauen? Wer hat die Wahrheit? Der Brockhaus? Den kennen jüngere Menschen gar nicht mehr, die denken doch, das „Brockhaus" sei irgend ein hipper Club in Berlin.

Den Kirchen kann man nicht mehr trauen, dem ADAC nicht, dem Diesel nicht, dem DFB nicht, und Horst Seehofer sowieso nicht. Stopp! Das war der erste Politikername, da müssen wir einen Einschub machen.

Bei Politikern ist das so eine Sache. Manche haben plötzlich einen Skandal, und sind dann ruckzuck weg vom Fenster. Bei anderen wünscht man sich ständig, ihnen ginge es endlich so. Jedenfalls weiß man als Autor eines Buches wie dem vorliegenden nie, wann der Leser diese Sätze vor sich hat – und ob dann die jeweiligen Politiker zurecht oder unrecht in Vergessenheit geraten sind. Um das satirische Mindesthaltbarkeitsdatum dieses Buches zu erhöhen, werde

11

ich deshalb einfach bei allen Politikern, die ich hier erwähne, ohne Ansehen der Person und Verdienste generell dazuschreiben: „Den/die werden Sie wahrscheinlich gar nicht mehr kennen". Und dann schiebe ich eine kleine Beschreibung nach. Dann können Sie zur Not Ihre Großeltern nach Details fragen. Oder Sie nehmen diesen Politiker nicht als brandaktuelle Anspielung, sondern als zeitlose Illustration eines weiterhin gültigen Sachverhalts. Das wird sowieso das Beste sein. Deswegen schreibe ich über diese Politiker dann auch nur in der Vergangenheitsform. Das kann befreiend wirken. Ich freu' mich drauf.

Also: Seehofer – den werden Sie wahrscheinlich gar nicht mehr kennen. Das war so ein teilzeit-konservativer Pseudo-Hardliner, der seinen mentalen Alpenblick nach Berlin mitgenommen hat. Dem Seehofer, dem konnte man sowieso nicht trauen. Spätestens, seit er behauptet hatte, er sei schon *„in den 80-ern im Internet unterwegs gewesen"*. Freunde! In den 80-ern gab es in Deutschland noch weniger Internet als Kondomautomaten im Vatikan.

Wahrscheinlich hat der Seehofer sogar geglaubt, er hätte das Internet erfunden. Das tut mir leid. Ich habe mal gegoogelt und dazu jetzt eine Theorie: Das Internet hat Wilhelm Busch erfunden. Bereits in den 60-ern. Achtzehnhundert. Denn da heißt es ja schon bei Max & Moritz: „www – wenn ich auf das Ende seh'!", oder so ähnlich.

Der Punkt ist: Wenn selbst Hort Seehofer einen auf Computer-Crack macht, dann weißt du: Der Bullshit steht uns mittlerweile bis zum Hals!

WAS IST BULLSHIT?

Erst mal ist das Englisch. Die Engländer haben den Mist zwar nicht erfunden, aber doch viel Erfahrung damit. Spätestens seit dem Rinderwahn und seiner direkten Fortsetzung, diesem Brexit.

Für den haben die Briten gestimmt, weil ihnen Boris Johnson – den werden Sie wahrscheinlich gar nicht mehr kennen. Das war so ein raffiniert vertrottelter Exzentriker und Populist mit politischer Inselbegabung, der zum Beispiel vor der Wahl erzählt hat, dass man von dem Geld, das das Vereinigte Königreich an die EU überweist, auch stattdessen wöchentlich ein neues Krankenhaus bauen und eröffnen könnte. Direkt nach der Wahl saß er dann im Frühstücksfernsehen und hat gesagt, dass diese Behauptung leider falsch war. Ungefähr so falsch wie das zeitweise Gelb seiner Haare. Aber Hauptsache, gewählt. Muh!

Von „Bullenscheiße" sprechen wir im Deutschen ja selten, und wenn, dann meint der Landwirt damit etwas völlig anderes als etwa der Autonome aus dem Hamburger Schanzenviertel. Wenn der nur einmal „Bullenscheiße" sagt, wird er sofort vom Verfassungsschutz beobachtet. Dann knackt es in seiner Handy-Verbindung, und auf jedem Selfie schaut ihm ein Zivilbeamter mit über die Schulter.

Bullenscheiße klingt derb, Bullshit klingt cool. Das geht auch mit anderen Wörtern so. „Brechdurchfall" ist bäh, aber „Vomitting and Diorrhea", das hat was. Das klingt fast wie ein Mode-Label. Auf die Frage: „Ist das von Dolce & Gabbana?" könnte man jederzeit locker antworten: „Nein, das mit den Flecken drauf ist von Vomitting & Diorrhea!"

Manche übersetzen Bullshit als Schwachsinn, aber das trifft es nicht. Denn erstens hat Bullshit mit Sinn ungefähr so viel zu tun wie ein Thermomix mit Kochen. Oh, da merke ich gerade, wie sich die Leserschaft zweiteilt! In Betreiber und Betroffene. Das tut mir leid. Das war nur ein Vergleich, und er musste schnell gehen. Für letzteres werden die Thermomix-Freunde doch sicher Verständnis haben.

Aber zurück zum Schwachsinn. Der Bullshitter ist auch nicht schwach, der ist dreist, um nicht zu sagen, kackedreist. Der Bullshitter hat nämlich einen stark ausgeprägten Unverschämtheitsmuskel, den *Musculus Latissimus Leckomio.*

Bullshit ist Dampfplauderei, heiße Luft, Verbalsauna. Oder genauer: Wie wenn man in der Sauna keinen Aufguss macht, sondern reinfurzt, rausrennt und die Tür verrammelt.

Schauen wir uns das Wort im Detail an: Vorne steht der Bulle. Das ist das geschlechtsreife Hausrind, also gleichzeitig triebgesteuert und domestiziert. Sie kennen das vielleicht von daheim. Man nennt den Bullen übrigens auch „Faselochse". Der steht auf der Weide, obwohl es klingt, als könne er auch im Weißen Haus sitzen.

Und Shit, naja, das hört sich doch schon sehr nach Rest an. Da ist nicht mehr viel drin, dem hat der Körper schon jede Menge Nährstoffe entzogen. In der Landwirtschaft würde man Bullshit wohl am ehesten mit „Gülle" übersetzen. Und selbst bei der gehen ja die Meinungen auseinander. Die einen sagen, das ist Dünger, die anderen sagen, das ist eine Gefahr fürs Grundwasser. Und der Bulle sagt: „Ist mir doch egal, ich lass' laufen."

Gülle kommt übrigens viel herum. Die wird kreuz und quer durchs Land gefahren. Von Gebieten mit besonders vielen Rindviechern in Gegenden mit besonders viel Landschaft. Das kennst du als Künstler auch, bei uns heißt das Tournee.

In der Landwirtschaft nennt man es Gülle-Tourismus. Das ist also nicht, wenn man gezielt irgendwo hinfährt, wo es scheiße ist. Sondern, wenn man den dampfenden Mist dahin kutschiert, wo bisher keiner angefallen ist. Am besten auch noch stundenlang über die Autobahn. Wenn das der Führer wüsste!
Das Land ist quasi gespalten in Güllegeber und Güllenehmer, zwischen beiden herrscht reger Verkehr. Das wäre an sich auch eine schöne Metapher für den Politikbetrieb.

Bullshit gehört zu uns Menschen. Das ging schon früh los – im Grunde fing es im Paradies an, als die Schlange so legendär zu Eva gesagt hat: „An apple a day keeps the doctor away!" Eigentlich wollte die Schlange nur, dass der liebe Gott Adam und Eva wegen Eigenbedarf kündigt. Und davon musste abgelenkt werden. Das war klassischer Bullshit, der dient eigentlich immer der Ablenkung.

Darum findet man ihn auch so oft in der Werbung. In meiner Kindheit gab es den tollen Slogan *„So wertvoll wie ein kleines Steak"*. Für Fruchtzwerge. Da muss man erst mal drauf kommen! Das ist dieser winzige Obstquark mit damals fast 20 % Zucker drin. Davon musste natürlich abgelenkt werden. Und da kann ich mir doch genau vorstellen, wie irgendein bekokster Werbefuzzi wahrscheinlich zufällig herausgefunden hat, dass ein kleines Steak ziemlich genau so viel Kalorien enthält.

Das ist das ganze Geheimnis. Eigentlich bedeutet der Slogan nur: „Also, für die Kalorien könntest du auch was Richtiges essen!" Aber so klang es halt viel cooler. Als würden echte Kerle sagen: „Jungs, lasst uns grillen, ich hab' ein Sixpack Fruchtzwerge dabei!"

KLIMA FÜR BULLSHIT

Manchmal soll Bullshit davon ablenken, dass du doof bist oder denkfaul, oder in der AfD. Oder alles zusammen. Das schließt sich ja nicht automatisch aus.
Ich verfolge seit Jahren diese wunderbare Beatrix von Storch – die werden Sie wahrscheinlich gar nicht mehr kennen. Das war eine semi-adelige National-konservative, die auf dem politischen Parkett und an der Computer-Maus immer wieder so leichtfüßig unterwegs gewesen ist wie der sprichwörtliche Storch im Salat.

Als es im Sommer 2018 mal so richtig heiß war, hat sie als Beitrag zur Klimadebatte getwittert: *„Auch, wenn wir alle zu Fuß gehen und nur noch Brokkoli essen – der Sonne ist das egal!"* Wörtlich. Vielleicht sollten Sie den Satz mehrfach lesen. Um zu merken, dass er dabei nicht besser wird.

Ich hoffe, es ist der Sonne auch egal, ob die Storch twittert. Das sind also die Albträume der Beatrix von Storch: Fußgänger und Vitamine. Und Schwule natürlich, das ist klar, das weiß man von ihr auch, die sollen nicht heiraten. Da ist sie noch immer total dagegen. Obwohl Schwule oft sagen: „Wir haben der Storch viel zu verdanken; wegen Frauen wir ihr sind wir überhaupt erst schwul geworden."

Das ganze Jahr 2018 war bis dahin das heißeste seit der Aufzeichnung der Wetterdaten. Und der Sommer war der längste und trockenste. Der fing mancherorts im April an und ging durch bis September. Ohne nennenswerten Regen. Teilweise haben die Bauern ihre Felder nicht mehr bewässert, sondern bloß noch abgestaubt.

Bei mir war es so: Von April bis Mai habe ich den Sommer genossen. Ab Juni habe ich versucht, mich nicht mehr zu bewegen, und ab August hatte ich nur noch Angst, irgendetwas verpasst zu haben und schon längst im Fegefeuer angekommen zu sein.

Alle, die im September noch immer bei dreißig Grad und mit dem Teint eines alten Fensterleders euphorisch in ihrem Liegestuhl festgebacken waren und ständig gesagt haben: „Wat wollt ihr denn, is' doch herrlich, is' doch Sommer!" – die würden genau das doch auch noch sagen, wenn man sie auf einen Dönerspieß tackerte und von Ostern bis Heiligabend durchrotieren ließe.

Das war ein Sommer, bei dem die Zeugen Jehovas mit einem Dauergrinsen unterwegs waren, weil jeder Vorgarten aussah wie irgendetwas zwischen Mad Max und der Apokalypse. So hatten die sich den Weltuntergang doch immer vorgestellt: Tom Kaulitz trifft Heidi Klum – und plötzlich folgt ihm eine lange Dürre.

Und das hat Folgen, die man sich kaum ausmalt. Durch Ernteausfälle werden beispielsweise Pommes und

Kartoffelchips teurer. Etliche Diätkliniken werden deswegen in die Insolvenz gehen.

Bei Emmerich hatte der Rhein einen Pegelstand von 26 Zentimetern. Das ist nicht mal mehr Niederrhein. Das ist für einen Fluss quasi unterirdisch. Die Spree hat so wenig Wasser geführt, dass sie mancherorts rückwärts geflossen ist. Die wollte nur noch zurück in die Quelle. Das ist bitter, oder? Du willst eigentlich ins Meer, und dann endest du in der Lausitz.

Fische sind massenweise auf dem Trockenen gelandet, das sah aus wie irgendetwas zwischen einem Katastrophenfilm (Emmerich!) und einer explodierten Nordsee-Filiale.

Jede Menge Kriegsmunition ist in den Flüssen aufgetaucht und musste entschärft werden. In Sachsen-Anhalt wurden erstmals mehr Granaten und Sprengkörper in der Elbe gefunden als sonst bei den Reichsbürgern.
Tankstellen ist das Benzin ausgegangen, weil es sie auf dem Schiffsweg nicht mehr erreicht hat. Die mussten sich notdürftig mit dem Verkauf von Snickers, Zigaretten, Dosenbier und Truckerfahrer-Pornomagazinen über Wasser halten.

Und zu allem Überfluss hat die Bundeswehr dann auch noch im Emsland 1.000 Hektar Moor mit einer Rakete abgefackelt. Das nenne ich mal effektiv. Vor 2 – 3 Jahren noch Probleme mit schiefen Gewehren, und jetzt ein Volltreffer. Es geht voran! Wenn das Ziel nur groß genug ist!

Dabei kam heraus, dass die beim Üben regelmäßig Wald und Feld in Brand setzen, aber das gilt da halt als Ritual, da gibt's wahrscheinlich noch Schnaps dazu, und sie machen ein Trinkspiel daraus.

Aber diesmal war es halt besonders trocken. Das hat dann drei Wochen vor sich hingekokelt, und am Ende war es ein Katastrophenfall, der 50.000 Tonnen CO_2 aus dem Moor freigesetzt hat. Das entspricht ungefähr dem, was 25.000 Autos in einem Jahr ausstoßen. Vielleicht sollte man nicht über Fahrverbote nachdenken, sondern über Manöververbote.

Ein Gutes hatte die Hitze: Immerhin gab es einen hammermäßigen Weinjahrgang 2018. Damit können wir uns in den nächsten Jahren den Klimawandel schön saufen.

Rund ums Klima sammelt sich auf allen Seiten besonders viel Bullshit an. Als 2019 in Christchurch ein Rechtsterrorist Amok gelaufen ist, haben unsere hiesigen Neonazis sofort wieder behauptet, dass dieser Killer natürlich keiner von ihnen sei. Sondern ein Linker. Weil er in seinem Manifest auch was von Umwelt und Sozialismus gefaselt habe. Klar. Hitler war ja auch kein Nazi, sondern in erster Linie Vegetarier und Tierschützer.

Es gab auch gleich AfD-Abgeordnete, die getwittert haben, dass die „Klimapanikverbreiter" Schuld am Attentat seien, *#gretathunberg*. Nee, klar: Wer kleine Mädchen mit Zöpfen und Strickmütze für den wahren Terror hält, der hat die Kontrolle über sein Leben verloren. Der kommt schon allein mental nicht mehr aus der Jogginghose raus.

Was für eine Logik: Weil Schüler freitags gegen die Zerstörung ihrer Zukunft protestieren, rennt in Neuseeland einer als Abendlands-Egoshooter in die Moschee? Den Gedanken würde ich ja auch mal ganz kurz haben wollen. Nur um zu schauen, wie sich ein Hirn anfühlt, mit dem man das zusammenkriegt. Wahrscheinlich behauptet bald der Erste, der Typ sei nur durchgeknallt, weil er sich im Kindergarten nicht als Indianer verkleiden durfte.

Das sind ja auch die Leute, die sich in erster Linie aufregen, dass die Schüler während der Unterrichtszeit demonstrieren. Ja, meine Herren, das ist halt eine Art Praktikum! Das kommt später in den Lebenslauf, das ist doch was!

Wie verknöchert muss man eigentlich sein, um da jetzt mit dem Schwänzen anzukommen und die Motive für den Protest zu hinterfragen? Das hätten diese Kritiker dann aber auch mal bei den 100 Lungenfachärzten machen müssen, die im Umfeld des Dieselskandals verkündet haben: „Diesel ist nur halb so wild." Da hätte man ja auch mal fragen können, was die privat so für Autos fahren.

Aber das waren ja keine Kinder. Und von wegen Kinder: Viele der streikenden Schüler sind 16 und aufwärts. Bei der nächsten Bundestagswahl machen auch die ihr Kreuz. Denk da mal drüber nach, Christian Lindner – den werden Sie wahrscheinlich gar nicht mehr kennen.

Das war so ein gerne in Schwarzweiß abgebildeter liberaler Dressman, der zeitweise aus der FDP eine Solo-Show gemacht hatte. Der Lindner hat ja echt behauptet: *„Klimaschutz ist nix für Schüler, das ist was für Profis."* Lindner. Der als Schüler mit 18 schon behauptet hat, er sei Profi-Unternehmensberater. Und angeblich sogar Unternehmer gefunden hatte, die sich von ihm hatten beraten lassen.

Ich finde das toll, wenn Schüler wieder für etwas auf die Straße gehen. Das ist ja fast wie in den 80-ern. Damals haben wir in der 9. Klasse dafür demonstriert, dass die Oberstufler auf dem Pausenhof eine Raucherecke bekommen. Das kannst du dir heute gar nicht mehr vorstellen, allein von der Schadstoffbelastung her.

Das Beste ist: Ich glaube, den Schülern ist das egal. Die wissen genau, dass die Leute, die da jetzt meckern, das eigentliche Problem sind. Abgesehen davon: Wer nie geschwänzt hat, der war nicht wirklich in der Schule!

Aber zurück zur von Storch. Sie gehört zu den Leuten, die immer noch ernsthaft darüber diskutieren wollen, ob der Klimawandel menschengemacht ist oder nicht. Da denke ich immer: Das ist die falsche Diskussion. Ist doch völlig wurscht, wer ihn gemacht hat. Der Einzige, der jetzt noch irgendetwas dagegen tun könnte, ist der Mensch. Also, irgendetwas außer Aussterben, meine ich natürlich. Wobei das auch ein Ansatz wäre. Und mit den Klimaschutzpaketen unserer Regierung scheinen wir da ja auf einem guten Weg zu sein.

Warum sind die nur so zögerlich und nennen etwas „Paket", was man gut auch als Postkarte verschicken könnte? Mir kommen diese zaghaften Maßnahmen immer vor, wie wenn du mit deiner Familie auf der Autobahn unterwegs in den Urlaub bist. Alle dösen, du sitzt am Steuer, und plötzlich ist da mitten auf der Straße eine riesige, massive Betonmauer. Und du denkst nur: „Nee, bremsen kann ich jetzt nicht. Am Ende kommen wir zu spät an den Pool, und alle Liegen sind besetzt!"

Angela Merkel – die werden Sie wahrscheinlich gar nicht mehr kennen. Das war so eine uckermärkisch-invertierte Frohnatur und Physikerin, die immer davon ausging, dass man Politik nicht erklären müsse, weil sie selbst das auch gar nicht wollte. Und wenn sie doch mal was erklärt hat, war es oft keine Hilfe.

Ihre Klimaschutz-Maßnahmen waren so vorsichtig, weil sie gesagt hat, dass *die Menschen mitgenommen werden müssen*". Obacht! „Menschen mitnehmen" ist eine Formulierung, wie wir sie sonst auch von Selbstmordattentätern kennen. Vielleicht sollte man das Paket sicherheitshalber von Profis sprengen lassen.

„Wir schaffen das!" könnte übrigens auch Bullshit gewesen sein. Das sollte davon ablenken, dass es im dazugehörigen historischen Moment keinen großen Plan gegeben hat. Das war nicht sehr überlegt und argumentiert, das war erst mal flott dahinbehauptet. Im Grunde als Motivation. Aber im Ernst: Wie steht es um ein Land, in dem ausgerechnet Angela Merkel gut drei Legislaturperioden für die Motivation zuständig war?

Gerade Motivationstrainer sind ja für Bullshit bekannt. Die sagen Sachen wie: *„Erfolg heißt, im Leben immer einmal mehr aufzustehen als hinzufallen!"* Wenn das so einfach wäre. Das ist ein verdammt zynischer Satz für jemanden, der, sagen wir mal, im Rollstuhl sitzt. Abgesehen davon ist das mit dem Aufstehen auch sehr relativ. Ich habe zu Hause einen vierjährigen Sohn. Für mich wäre es schon ein großer Erfolg, wenn ich *einmal* länger liegen bleiben könnte.

Auf der Website eines Motivationstrainers habe ich tatsächlich folgendes gefunden: *„Dein größtes Problem ist nicht dein Problem. Dein Problem ist, dass du glaubst, dein Problem sei dein Problem."* Puh.
Ich aber sage euch: Dein allergrößtes Problem sind Leute, die dir erzählen wollen, dass du zu doof bist, die richtigen Probleme zu haben!

Manchmal ist dein Ego größer als du selbst. Dann musst du davon ablenken, dass du im Inneren ein Würstchen bist. Dabei kommen dann so Sachen heraus wie Donald Trump – den werden Sie wahrscheinlich gar nicht mehr kennen. Das war so ein moralisch wohlstands-verwahrloster, dubios frisierter Immobilien-Tycoon, der als Präsident die USA behandelt hat, als wolle er die alten Bewohner loswerden, um das Land dann frisch renoviert als Premium-Objekt weiterzuverkaufen.

Trump hat einmal wörtlich behauptet: „Ich bin hochgebildet, ich kenne Wörter, ich hab' die besten Wörter!" Nein, das hat er so natürlich nicht gesagt. Er hat gesagt: *„I am very highly educated. I know words, I have the best words!"* Das ist einer der wenigen Fälle, in denen es auch auf Englisch nicht besser wird.

Donald Trump war ja der King of Bullshit. Bei der Frequenz, mit der er Lügen und Absurditäten auf Twitter rausgehauen hat, könnte man fast sagen: Trump war die Stalinorgel unter den Bullshit-Schleudern.

Eines Tages hat er öffentlich angemeldet, Grönland aufkaufen zu wollen. Den Grönländern ist vor Schreck beim Frühstück ihr Walfischtran aus der Hand gefallen. Riesensauerei, können Sie sich denken.

Ich habe mich sofort gefragt, wovon er denn mit diesem Gaga-Plan ablenken wollte. Kurz recherchiert, und siehe da: Genau an diesem Tag wurde offiziell bekannt, dass bei den US-Wirtschaftsdaten alle Alarmzeichen auf Rezession standen. Es ging da um irgendwelche Zinssätze bei Staatsanleihen, die sahen wieder genau so aus, wie zuletzt 2007 vor dem großen Crash. Unschön. Also ablenken. Grönland. Zufällig. Er hätte auch genauso gut sagen können: „Ich kauf' den Mond! Und wenn die vom Mond mir kein vernünftiges Angebot machen, dann fahr' ich da nie wieder hin!"

Wir kennen das auch auf Kreisliga-Niveau, zum Beispiel von Andreas Scheuer – den werden Sie wahrscheinlich gar nicht mehr kennen. Das war so ein leicht bajuwarisch angeschnöseltes Verhandlungs-Genie, das sich beim Thema Maut unter anderem von der Firma Eventim über den Tisch hat ziehen lassen. Generell eine super Idee, die technische Abwicklung der Maut von einer Firma machen zu lassen, die mich regelmäßig per E-Mail auf den völlig grotesken Umstand hinweist, dass eine gewisse Helene Fischer in meiner Gegend zu singen gedenkt …

Der Scheuer hat jedenfalls eines Tages öffentlich gefordert, der Motorradführerschein möge doch bitte künftig teilweise im Autoführerschein mit enthalten sein. So nach dem Motto: „Uns're Oma fährt jetzt Auto und Motorrad". Alle Verkehrsexperten haben spontan die Hände überm Kopf zusammengeschlagen und gesagt: „Leute, holt die Kinder rein, der Scheuer wirft mit Führerscheinen um sich!"

Dieses kleine Ablenkungsmanöver sollte natürlich vor allem die Aufmerksamkeit davon abziehen, dass zum selben Zeitpunkt der Europäische Gerichtshof alle Mautpläne kassiert hatte. Wie seit Jahren erwartet. Von allen Mautkritikern und denkenden Europarecht-Kennern. Nur für den Scheuer muss das ein Schock gewesen sein, aus dem Nichts, eine Art unbefleckte Erkenntnis.

Und dann hatte die gefloppte Maut bis dahin schon allein in der Vorbereitung 50 Millionen gekostet. Plus zu erwartende Schadensersatzforderungen der beteiligten Unternehmen. Also ablenken. Motorrad. Hat für einen Tag funktioniert. War bullshit-technisch aber kein großer Wurf. Da hätte der Scheuer etwas mutiger sein müssen. Wenn er, nur mal als Idee, einen generell automatisch zugeteilten LKW-Führerschein für Islamisten gefordert hätte, dann wäre der Aufschrei größer und er das Thema Maut länger los gewesen.

Das Ganze hatte ihm natürlich sein Vorgänger Alexander Dobrindt eingebrockt – den werden Sie wahrscheinlich gar nicht mehr kennen. Der verhielt sich zu Scheuer ungefähr wie Hanni zu Nanni. Lederhosenkarrieristen mit strategisch angeflanschter Heimatverbundenheit eben.

Der Dobrindt, der wollte die Maut. Keiner weiß, warum. Das war halt sein Projekt. Da ist er mal leidenschaftlich geworden. Da hatte er politisch mal was Eigenes. Was Eigenes? Klingt wie bei Loriot. Von daher könnte man auch einfach sagen: Die Maut, das war gewissermaßen Dobrindts Jodeldiplom. Und 50 Millionen waren schnell verjodelt.

Der Dobrindt hat immer gesagt, wir bräuchten die Maut, weil sie so viel Geld bringt. 250 Millionen im Jahr für den Straßenbau. Klingt viel. Ist aber sehr relativ. Wir geben sowieso jedes Jahr 10 Milliarden für den Straßenbau aus, das ist also gerade mal ein Plus von 2,5 %!

Für schlappe zweieinhalb Prozent mehr sollten wir uns diese ganze Überwachungstechnologie auf die Autobahn stellen lassen? Das ist doch unverhältnismäßig; das ist, wie wenn du eigentlich Viagra brauchst, es aber erst mal mit Globuli versuchst.

In Sachen Bullshit war Dobrindt dem Scheuer weit voraus. So wollte er auch mal davon ablenken, dass die Union nicht weiß, was sie will. Dass die Konservativen in der Krise sind; für die ist ja alles durcheinander geraten. Die dachten manchmal schon, dass die Merkel eigentlich in die SPD gehört, der Seehofer in die AFD, und die Nahles ins IKEA-Bällebad. Die Nahles – die werden Sie wahrscheinlich gar nicht mehr kennen. Das war so eine berittene Berufs-Sozin, die nach außen immer rüberkam wie eine kommunikative Abrissbirne, gefangen im Körper einer parteivorsitzenden Eifel-Elfe. Egal jetzt, es ging ja um den Dobrindt.

Prompt wünschte er sich er zur Ablenkung von seiner politischen Egokrise einfach mal eine *„konservative Revolution"*. Großartige Wortschöpfung. Kurz vor „Fruchtzwerg" oder „WC-Ente".

Viele dachten: „Oha! Eine Revolution will er also. Als hätte seine eigene Partei nicht die ganzen letzten Jahre mitregiert. Aber gut, Dobrindt, dann geh mit gutem Beispiel voran und leg dich unter die nächste Guillotine!"

Wobei er dann sicher auch noch ohne Kopf Interviews gegeben hätte. Der Mann war ja das lächelnde Fallbeil des Borderline-Konservatismus. Eigentlich selbst eine Art Güllotine.

Konservative Revolution, das ist ja ein Widerspruch in sich. Wie Paläste anzünden, aber einen Bausparvertrag haben. Wie alkoholfreies Komasaufen. Wie stehen bleiben und einen fahren lassen. Zu letzterem rief mal eine Besucherin meiner Show aus dem Halbdunkel der dritten Reihe: „Das geht!" Mir war das natürlich neu.

Sammeln wir weiter. Der Chef des Betriebsrats von BMW, Manfred Schoch, hat gesagt, spätestens seit Kevin Kühnert – den werden Sie wahrscheinlich gar nicht mehr kennen. Der war mal die Zukunft der SPD. Nach freiwilligem sozialem Jahr, Jobben im Callcenter und abgebrochenem Studium galt er in der Partei als talentierter Quereinsteiger mit legitimer Option auf Germanys Next Willy Brandt.

Seit Kevin Kühnert, so Herr Schoch, sei die SPD für den deutschen Arbeiter nicht mehr wählbar. Weil Kevin angeblich Enteignungen gefordert habe. Hatte er so direkt nicht. Er war nur im Interview mit der „Zeit" gefragt worden, ob er als Sozialist nicht über so etwas nachdenke. Und dann hat er da mal drüber nachgedacht. Keine Panik! Sie können Ihren Porsche wieder loslassen.

Also wenden wir uns Herrn Schoch zu. Der gehört zur IG Metall. In deren Satzung heißt es auch heute noch, Ziel sei die „*Überführung von markt- und wirtschaftsbe-*

herrschenden Unternehmen in Gemein-Eigentum". Kevin ist
also gar nicht allein zu Haus.

Der Herr Schoch hat mit seinem SPD-Bullshit klassisch
versucht, davon abzulenken, was sein eigener Verein für
eine interessante Programmatik hat. Dabei war das doch
im Grunde ein Ablenkverhalten wie im Kindergarten:
„Ich hab' nix gemacht! Das war der Kevin!"

Noch einmal kurz zum Mitschreiben: Kevin Kühnert ist
Chef der Jusos, der Jungsozialisten. Deshalb ist er jung.
Das heißt: Wenn er redet, kriege selbst ich regelmäßig
Milcheinschuss.
Und er ist Sozialist, das heißt, wenn er redet, kriegt die
Wirtschaft regelmäßig Bluthochdruck. Normal.

Kurzzeitig hatte die SPD bei der panischen Suche nach
einer schicken neuen Doppelspitze sogar überlegt, ob
das nicht ein tolles Duo wäre: Kevin Kühnert und Gesine
Schwan – die werden Sie wahrscheinlich gar nicht mehr
kennen. Das war so eine renitent gelockte
Hochschulprofessorin mit katholischem Wumms und
großer Skepsis am Allzusozialistischen. Das wäre eine
großartige Kombination gewesen. Ein Mehr-
generationenprojekt. Betreutes Regieren. Wobei man
dann nie sicher gewesen wäre, wer eigentlich wen
betreut hätte.
Und gleichzeitig auch eine Art sozialdemokratisches
Remake des Filmklassikers „Harold and Maude".

BULLSHIT ERKENNEN

Es gibt auch rein äußerliche Anzeichen für Bullshit. Wenn jemand gelb-orangene Haare hat und sie sich grotesk auf den Schädel tackert, dann hat er zumindest mental nah am Bullshit gebaut. Das gilt auch für Leute mit Dackelkrawatten, gelb getönten Sonnenbrillen, zur Raute geformten Fingern oder zu viel Gel auf dem Kopf.

Ansonsten gilt: Bullshit erkennt man am einfachsten daran, dass der Bullshitter ...

… keine Pausen macht.

Diese kleine Pause war mir persönlich an dieser Stelle sehr wichtig. Der Bullshitter redet oft ohne Punkt und Komma. Denn in der Pause könnte jemand nachhaken oder den Bullshit enttarnen. Ich weiß, bei mir geht's auch ziemlich flott durch, den Schuh muss ich mir anziehen. Ich bin auf der Bühne so schnell, dass mancher Zuschauer mich danach fragt, ob es das nicht auch als Buch gibt. Und da sind wir. Hier können Sie das Tempo selbst bestimmen.

Man kann Bullshit also durch Nachfragen entlarven – in dem Moment, wenn der Bullshitter Luft holt. Dann wird er zwar typischerweise nicht antworten, sondern möglichst schnell auf ein Nachbarthema ausweichen.

Mal was anderes: Neulich machte meine Frau die Betten und sagte doch glatt: „Also, zu diesem Kissen hab' ich überhaupt keinen Bezug ...!"

Das war jetzt ein verdächtiger Themenwechsel, das habe ich selbst gemerkt! Das geht auch unauffälliger. Der Bullshitter sagt zum Beispiel: „Warum bleiben die Flüchtlinge nicht in Syrien, um da ihr Land zu retten?" Und wenn du dann fragst: „Vielleicht, weil sie dafür erst mal ihr Leben retten müssen?", kommt als Antwort: „Uns schenkt auch keiner was! Bloß die Merkel, aber die wollt ´ ich gar nicht geschenkt haben. Die kannste mir nackig auf den Bauch binden, da tut sich gar nix!" Wow, von fremdenfeindlich auf frauenfeindlich in 3 Sekunden, was für eine Beschleunigung!

Dem Bullshitter geht es nur um den Effekt; dem ist das Thema an sich völlig egal. Der hat seinen eigenen Bullshit nach 10 Sekunden schon wieder vergessen. Da bleibt nichts haften, da ist er sentimental wie eine Teflonpfanne. Von seinem Bullshit trennt er sich im Handumdrehen, eiskalt, das ist ihm nicht mal 'ne Trennungs-SMS wert. Als Songtext müssten Sie sich das vielleicht so vorstellen wie im Folgenden.

MEIN GESCHWÄTZ
VON GESTERN

Ich denke nicht mehr oft an dich
Ich hab' dich fast vergessen
Um dich ist es nicht schade
Es gibt so viel stattdessen
Jetzt, wo wir uns wiederseh'n,
hab' ich wirklich keinen Schimmer,
was uns zwei je verbunden hat
und warum auch immer.
Was hast du denn erwartet?
Was denkst du, wer du bist?
Ich hab' dir nichts versprochen.
Ich red' halt manchmal Mist.

Du bist mein Geschwätz von gestern
Was vorbei ist, ist vorbei
Diese Stadt ist wie im Western:
Viel zu klein für uns zwei!
Du bist mein Geschwätz von gestern
Du bist nicht mal 'ne Person
Du hattest keinerlei Bedeutung
Ob's das war? Ich glaube schon!

Du warst sehr leicht zu haben,
wirktest erst mal viel gescheiter
Du fühltest dich ok an
Doch dann ging das Leben weiter!

Für mich war das nichts Festes
So was muss man trennen können

Es gibt nichts zu besprechen
Und keinen Grund zu flennen
Ich bin in solchen Dingen latent unsentimental
Du schaust mich wie ein Auto an.
Also sing ich es noch mal:

Du bist mein Geschwätz von gestern
Was vorbei ist, ist vorbei
Hab' nicht mal Bock, noch groß zu lästern
du kannst gehen, du bist frei!
Du bist mein Geschwätz von gestern
Du bist nicht mal 'ne Person
Ich will von dir nichts mehr hören!
Mein Lied und mein Mikrophon!

Das kann doch nicht dein Ernst sein
Das ist doch nicht mehr schön.
Ich muss dann auch mal los jetzt
Also auf Nimmerwiederseh'n!

Du bist mein Geschwätz von gestern
Was vorbei ist, ist vorbei
Das weißt du selbst am allerbesten
Also lass die Nerverei!
Du bist mein Geschwätz von Gestern
Du bist nicht mal 'ne Person
Darum ist dir nicht zu helfen
Nicht einmal Mariacron!

HEIMAT

Für Bullshit werden bei uns inzwischen sogar schon ganze Ministerien neu erfunden. Für Bullshit und für Horst Seehofer. Seit 2018 haben wir ein Bundesministerium, das für Heimat zuständig ist. Das Innenministerium, natürlich, denn Heimat ist ja ein inneres dringendes Bedürfnis.

Das hängt ja irgendwie alles zusammen: Die Scholle, Dünger, Gülle. Aber: Ist die Heimat denn jetzt schon so hilfsbedürftig, dass sie als Krücke einen Minister braucht? Was ist denn eine Heimat noch wert, wenn sie nur durch Horst Seehofer am Leben gehalten werden kann? Quasi den Palliativ-Horst?

Das mit der Heimat ist wie mit der Religion. Auch das Christentum scheint ja zumindest in Bayern sofort unterzugehen, wenn nicht alle 5 Meter irgendwo ein Kreuz an die Wand genagelt wird. Weshalb Seehofer als oberster Heimatlosigkeits-Exorzist dann per Erlass in allen Behörden die Wände bekreuzigen ließ.

Müssen wir da jetzt überall sicherheitshalber auch noch Deutschlandkarten daneben hängen? Oder zumindest einen Syltaufkleber draufkleben, der ist ja so länglich, der passt vielleicht noch mit aufs Kreuz?

Das mit dem Kreuz ging dann sogar irgendwann dem Kardinal Marx zu weit, dem Chef der katholischen Bischofskonferenz. Der hat im Prinzip gesagt, dass

Leute wie Seehofer *„das Kreuz gar nicht verstanden haben"*. Wenn die noch ein bisschen so weitermachen, verlangt der glatt von der CSU das C zurück. Aus urheberrechtlichen Gründen. Religiöser Gebrauchsmusterschutz.

Das ganze Ministerium-Brimborium war natürlich nur Bullshit, der davon ablenken sollte, dass es dem Seehofer nicht um die Heimat an sich, sondern um das *Wörtchen* Heimat ging, das es zum Beispiel der AfD wegzunehmen galt. Und darum, auch mal was Braunes in die Luft zu brabbeln, damit der eine oder andere Rechte sich aus Versehen bürgerlich verwählt.

Aber was ist Heimat? Jetzt mal im Ernst! Das ist ja ein schönes Thema, da können wir als erwachsene Leute gerne mal drüber reden. Ich würde immer sagen: Heimat, das ist das, wo du und deine Vorfahren herkommen. Plus ihre Sitten und Gebräuche. Also in meinem Fall irgendetwas zwischen Baden-Württemberg und Hessen, zwischen Handkäs' und Maultaschen, zwischen Schiller, Goethe und Holocaust. Oder wie Alexander Gauland sagen würde: Vogelschiss.

„Hitler und die Nazis sind nur ein Vogelschiss in über 1.000 Jahren deutscher Geschichte", das waren seine Worte. Alexander Gauland, in Chemnitz geboren. Dann rübergemacht und in Gießen Geschichte studiert. In der DDR durfte er das nicht; die wussten, dass es keinen Sinn hat.

Vogelschiss. Millionenfaches Leid zusammengefasst in einem kleinen stinkenden Klecks. Das ist Zewa-

Küchenrollen-Zynismus: Mit einem Wisch ist alles weg. Und so etwas sitzt jetzt im Reichstag. Das ist historisch und ornithologisch eine Katastrophe.

Zur Strafe hat ihm mal im Sommer jemand beim Baden die Klamotten geklaut. Er musste dann in Badehose nach Hause laufen, wurde aber von der Polizei begleitet. Angeblich hat der Dieb noch gerufen: „Kein Badespaß für Nazis!"
Das war natürlich demütigend und völlig indiskutabel, aber in der Geschichte des Badesees sicher nur ein Mückenfurz.

Bei Mesut Özil ist es noch komplexer als bei mir, deshalb ist sein heimatliches Zugehörigkeitsgefühl während seiner Zeit als Nationalspieler immer ein großes Thema gewesen. Nehmen wir ihn mal als kurzes Beispiel dafür, wie schwer sich die „Heimatpolizei" mit einem tut, der weniger über Heimat nachdenkt als über Fußball.

Özils Vater kam mit 2 Jahren nach Gelsenkirchen, der Rest ist etwas zwischen Schalke 04 und Arsenal London, zwischen Steuerbetrug und Trikottausch mit Erdogan. Die Hymne hat er nie mitgesungen, aber das war im Grunde ein Zeichen übertriebener Integration. Denn damit hat er es genauso gemacht wie die komplette Nationalelf 1974. Inklusive Beckenbauer, Berti Vogts, Paul Breitner und Uli Hoeneß. Die haben praktisch schon vor 40 Jahren den Özil gemacht. Und gar nicht mal so schlecht.

Ich glaube, unterm Strich kann man sagen: Selbst Özil war für die Nationalmannschaft der bessere Deutsche als ich. Er hat 23 Tore für Deutschland geschossen. Ich hätte keinen einzigen Ballkontakt gehabt. Die hätten mich dem Ball nach dem Spiel persönlich vorstellen müssen, damit er gewusst hätte, dass ich überhaupt dabei war.

Wer kommt also wo her? Die Frage ist ja immer, wie weit man historisch zurückgeht. Denn die Wiege der Menschheit stand ja nicht in Hessen oder Baden-Württemberg, sondern in Afrika. Das ist nicht ums Eck. Afrika ist nahverkehrstechnisch sehr schlecht angebunden.

Und so sind wir im Grunde alle nur die Nachfahren von Wirtschaftsflüchtlingen, die es irgendwann im Lauf der Geschichte nach Europa geschafft haben. Wir sind Nafri. So ist das. Nordafrikanische Intensivtäter! Sie auch! Also jetzt mal historisch im ganz großen Bogen gedacht.

Das gilt sogar für die Neonazis. Wenn die das mit den Sitten und Gebräuchen ihrer Vorfahren wirklich ernst nehmen würden, dann müssten sie trommelnd in Görlitz um ihre Hütte tanzen und dabei Lendenschurz tragen. Aber das kannst du in Sachsen natürlich nicht bringen.

Heimat ist das, wo das Schicksal und deine Mutter dich hin geboren haben. Teilweise gegen deinen Willen, wenn man sich mal überlegt, wie Säuglinge immer schreien, wenn sie auf der Welt, also in ihrer neuen Heimat, ankommen. Da bleibt denen erst mal die Luft weg. Das ist für die ein Schock. Die fühlen sich praktisch schon im Moment der Geburt als Vertriebene.

Das Leben ist Lotto, und Heimat ist nur die Zusatzzahl. Der Rest ist Folklore und Interpretation. Für meinen einen Nachbarn ist Heimat das mit dem Schützenfest. Also: Mit lustigen Hüten auf dem Kopf auf, äh, ins Schwarze schießen. Ich habe noch nie eine Waffe angefasst, fühle mich aber im selben Ort zu Hause. Jetzt erklär mir das mal!

Für meinen anderen Nachbarn ist Heimat das mit der Schlachtplatte. Gut gewürztes geronnenes Blut, und hinterher einen Schnaps. Ich bin Vegetarier, aber auch hier zu Hause. Und ich grüße sogar den Metzger. Ganz ehrlich, wenn Sie unbedingt eine Definition brauchen, ich würde immer sagen: Heimat ist da, wo es einen guten Italiener gibt.

Heimat ist auch da, wo von meinen Steuern dafür gesorgt wird, dass es in die Schule nicht reinregnet. Und wo die katholische, meinetwegen polnische Altenpflegerin auch den schwulen Opa so pflegt, dass Jesus seine helle Freude daran hätte.

Meine Heimat ist vor allem da, wo der Nazi sich nicht wohlfühlt. Denn schon ein einziger Nazi kann dir die schönste Landschaft versauen. Ich sage nur: Sächsische Schweiz. Wir müssen wirklich aufpassen, dass der Begriff „Heimat" nicht völlig im braunen Bullshit versumpft.

VENTILATOR

Bullshit wird umso gefährlicher, je mehr er sich verbreitet. Im Englischen gibt es diese wunderbare Formulierung: „When the shit hits the fan". Also nicht Fan im Sinne von „Hormuth, ich will ein Kind von dir", sondern Fan wie der Ventilator.

Es geht um den Moment, wenn die Scheiße auf den Ventilator trifft. Sie ahnen, was passiert: Wusch! Dann fliegt sie dir um die Ohren. Dann ist aber Kirmes mit Brocken!

Der Ventilator ist heute meistens das Internet. Und es kommt halt darauf an, was man da reinkippt. Rosenwasser oder Gülle. Das ist ein Unterschied. Vom Output her. Das Netz ist an sich ein super Medium. Aber eben leider auch ideal, um jeden Mist zu verbreiten. Früher wurde der Bullshit noch in mühevoller Kleinarbeit mit Gummistiefeln durchs Land getrampelt. Heute kann er fliegen! Und das ist auch der Grund, warum wir mittlerweile viertelstündlich das Gefühl haben, duschen gehen zu müssen. Oder, wenn du in einen Shitstorm geraten bist und heldenhaft versucht hast, dabei zu lächeln: Das Gefühl, Zähne putzen zu müssen.

Robert Habeck – den werden Sie wahrscheinlich gar nicht mehr kennen. Das war mal ein Shootingstar bei den Grünen, Ende der Zehnerjahre des beginnenden 21.

Jahrhunderts. So eine Art intellektueller Gutmensch mit hohem Flauschfaktor, der gleichermaßen bewandert war in Philosophie und Wäschebügeln.

Robert Habeck war jedenfalls der erste deutsche Spitzenpolitiker, der bei Twitter ausgestiegen ist. Und zwar mit der interessanten Begründung, dass Twitter bei ihm nur dafür sorge, dass er dort die blödesten Sachen von sich gebe.

Ich bin bis heute unsicher, ob das eine souveräne, medienkritische Entscheidung war, oder eine Art Kapitulation vor der eigenen Doofheit. Ich sag' mal so: Ich fahr' ja auch weiterhin Auto. Obwohl ich im Auto immer zwanghaft damit anfangen muss, die anderen Autofahrer zu beleidigen. Aber das liegt natürlich nicht am Auto, sondern an … den anderen Autofahrern.

AMATEURE UND PROFIS

Bullshit gibt es auf verschiedenen Niveaus. Da machen auch viele Amateure mit. Die wollen zum Beispiel einfach nur davon ablenken, dass sie in Mathe nicht aufgepasst haben. Die fragst du: „Wie lautet der Satz des Pythagoras?" und als Antwort kommt: „Ach, der Mann hat doch so viel geredet, da könnte ich mich jetzt spontan gar nicht für einen Satz entscheiden!"

Ich habe ja keine Ahnung von Fußball, also muss ich da zur Ablenkung bullshitten, was willst du machen! Ich habe mir über die Jahre ein paar Sätze zurechtgelegt, die rufe ich jetzt immer willkürlich rein. Ich sag' einfach abwechselnd: „Hinten ist ja alles offen!", und: „Hätte man auch geben können!" Manchmal, weil ich ja mit der Zeit gehe, rufe ich noch: „Videobeweis!" Das funktioniert soweit ganz gut. Wenn wir mit Freunden zusammen Fußball schauen, bekomme ich jetzt oft einen eigenen Fernseher. Im Gästezimmer.

Es gibt auch Bullshit-Profis. Zum Beispiel die AfD. Die hat in ihrer Frühzeit allen Angst vor Europa und dem Euro gemacht, und gleichzeitig als sichere Wertanlage in ihrem eigenen Web-Shop Gold verkauft. Die haben da Millionen umgesetzt. Das sind echte Profis. Die machen aus Gülle Gold. Und daraus eine Partei. Die dann wieder Bullshit verbreitet. Das ist ein in sich geschlossener Kreis. Da beißt sich die Storch in den Schwanz.

Boris Johnson ist auch ein besonders versierter Bullshit-Profi, der virtuos die Möglichkeiten des Internets zu nutzen weiß. Im Wahlkampf hatte er seine nachweislich falsche Zahl von 350 Millionen Pfund, die Großbritannien angeblich wöchentlich an die EU überweise, plakativ auf einen großen roten Doppeldeckerbus malen lassen.

Auf dem Weg zum Ministerpräsidenten wurde ihm diese Lüge unangenehm. Und so gab er ein skurriles Interview, in dem er erzählte, er bastele privat zum Spaß kleine Miniatur-Busse. Das klang so bescheuert, das haben alle gelesen und verlinkt und geteilt. Und was geschah? Bei der Google-Suche nach „Boris Johnson Bus" rückte die Bastelgeschichte ganz nach vorne, und der Lügenbus auf die hinteren Seiten der Suchergebnisse. Zufall? Ich denke: nein.

Später hatte er eine unangenehme Affäre mit einem Model, in der es auch noch um Vorteilsnahme und Geld ging. Daraufhin platzierte er ein Interview in den Medien, in dem er sich als ein „Muster an Zurückhaltung" bezeichnete, ein *model of restraint*. Ein guter Witz, da klickt man drauf. Aber jetzt suchen Sie mal nach „Boris Johnson Model"! Sie ahnen, was man zuerst findet.

Andere internationale Bullshit-Profis sind zum Beispiel die von einer Firma namens Cambridge Analytica, das waren die, die einen maßgeblichen Anteil daran hatten, dass Donald Trump überhaupt erst Präsident werden konnte. Wie haben die das gemacht?

Einfach gesagt: Sie haben aus den Daten von 87 Millionen Facebook-Mitgliedern genaue Wählerprofile errechnet. Und dann gezielt wankelmütige Vielleicht-Clinton-Wähler mit Fake News zugeballert, um sie abzulenken und von ihrer Wahl abzuhalten. Da hieß es dann, dass Hillary schwer krank ist, dass sie den IS mit Waffen ausstatten möchte, dass sie zu einem Pädophilen-Ring gehört und dass der Papst sowieso empfiehlt, Trump zu wählen. Fehlte eigentlich nur noch, dass sie nach Schwefel stinkt und mit irgendeinem von Tokio Hotel ins Bett steigt.

Die haben ein Zeug zusammengelogen, dass sich im Capitol die Balken gebogen haben. Da ist mittlerweile eine Kuppel oben drauf, das war, soweit ich weiß, früher ein Flachdach.

Vizepräsident von Cambridge Analytica war ein gewisser Steve Bannon, der dann zur Belohnung als Berater im Weißen Haus sitzen durfte, bis er dort mehrfach über Trumps Ego gestolpert ist. Ein bisschen wie der Butler bei „Dinner for One".

Und das Geld für die Firmengründung kam von Robert Mercer, einem ultrakonservativen US-Milliardär. Wie beschreib' ich den? Ich sag' mal so: Der Mann sammelt Modelleisenbahnen, Maschinengewehre und Politiker. Weißte Bescheid.

Und diesen Bannons oder Mercers ging es nie um den tollen, talentierten Mr. Trump. Der war für die nur ein Strohmann. Er selbst weiß das. Auch deshalb muss er ja so viel Bullshit verbreiten.

PROFIS AUS 1001 NACHT

Selbst Profis bullshitten manchmal schlampig, so dass die Ablenkung nicht wirklich funktioniert. Eine der groteskesten Geschichten dieser Art war für mich die Ermordung des Journalisten Jamal Khashoggi. Das kam mir vor wie eine Mischung aus einem Märchen aus 1001 Nacht und irgendeinem Tarantino-Film. Als Titel schlage ich vor: „Jamal Khashoggi und die 15 Killer".

Lassen Sie mich die Geschehnisse mal in Filmform berichten, dann erträgt man es besser. Erste Szene: Wir sehen den Journalisten, das Bild bleibt stehen, in Großbuchstaben wird KHASHOGGI eingeblendet. Dazu spielt James Last seinen Hit „Morgens um 7 ist die Welt noch in Ordnung".

Im Schnelldurchlauf erfahren wir, dass Khashoggi ein moderater Kritiker des Saudischen Kronprinzen war. Im Grunde war er gegen den Jemenkrieg und gegen zu viel Macht in der Hand eines einzelnen Mannes. Und da reden wir nicht von Jogi Löw. Die Uhr zeigt jetzt 7:03, die Welt ist nicht mehr in Ordnung.

In Riad hat man erfahren, dass Khashoggi einen Termin auf dem Konsulat in Istanbul hat, er will dort Papiere für seine Hochzeit abholen. Und schon ist klar: Wenn er heiraten will, muss er lebensmüde sein.

Der Kronprinz schickt keine Glückwünsche, sondern ein Killerkommando. 14 Geheimdienstler, Militärs, und dazu einen Forensiker mit Knochensäge. Der quasi die Obduktion prämortal vorziehen soll. Kaum sind die 15 Killer in Istanbul, rufen sie: „Konsul, öffne uns!", und betreten die Räuberhöhle.

Ein paar Minuten später kommt Khashoggi, und ab da geht alles schief. Erst wird aus Versehen das Personal des Konsuls nach Hause geschickt. Dann fällt aus Versehen die Videoüberwachung aus. Dann fällt Khashoggi erst aus Versehen in die Säge, und dann in ein Fass mit Säure. Wenn einmal der Wurm drin ist …

Einer der 15 Killer zieht aus Versehen Khashoggis Anzug und Brille an, klebt sich einen Bart ins Gesicht und steigt draußen demonstrativ in ein Taxi. Fast hätte er einen Breakdance hingelegt, nur um zu zeigen, dass alle Körperteile noch dran sind.

Ein anderer der Killer ruft aus Versehen seinen Vorgesetzten in Riad an und sagt, der soll dem Boss ausrichten, dass der Auftrag ausgeführt ist.

Schnitt. Donald Trump, gespielt von Christoph Waltz, erzählt in einer 30-minütigen Szene in Nahaufnahme und Endlosschleife ein ums andere Mal immer wieder das, was Trump tatsächlich gesagt hat, nämlich: *„Der Plan für diese Tat war sehr schlecht. Er wurde schlecht ausgeführt, und die Vertuschungsaktion war eine der schlechtesten Vertuschungsaktionen in der Geschichte."* Und so weiter, immer wieder: „Der Plan für diese Tat war sehr schlecht. Er wurde schlecht ausgeführt, blabla…"

Als er damit nach 30 Minuten fertig ist, sieht man in Halbzeitlupe, wie Uma Thurman ihn mit einem Samuraischwert skalpiert. Sie haut einfach oben das Orangene weg, dazu singt David Bowie „This is not America". Schnitt.

Pascha Erdogan springt vor die Kamera und sagt, er verfüge über einen Tonmitschnitt des Mordes, der nur 7 Minuten gedauert habe, und damit automatisch einen Eintrag ins Guiness-Buch der Despoten bekommt. Der Mitschnitt sei von Kashhoggis Apple Watch gemacht worden. Mit deren Lebensrettungsfunktionen sei es leider nicht so weit her, wie von Apple immer behauptet. Prompt ist die Apple-Aktie im Sinkflug.

Das mit der Aufzeichnung durch die Uhr war natürlich Bullshit. Aber sonst hätte Erdogan ja zugeben müssen, dass er die Räuberhöhle, äh, das Saudische Konsulat hat verwanzen lassen.

Aus Saudi Arabien hieß es erst: „Nö, der Khashoggi, der ist doch noch rausgekommen aus dem Konsulat, dem muss auf der Straße was passiert sein, vielleicht hat er aus Versehen was gegen Erdogan gesagt."

Dann hieß es: „Nein, sorry, es gab im Konsulat eine lebhafte Diskussion mit Schlägerei und tödlichem Ausgang. Jungs halt."
Und danach hieß es: „Nein, sorry, das waren 5 eigenmächtige Killer, die hatten nichts zu tun mit dem Boss, äh, dem Kronprinzen."
Und die richten sie jetzt hin, und alles wird gut, weil sie dabei James Last laufen lassen.

Auftritt Angela, die kindliche Kaiserin des Germanenlandes.

Sie macht sich Sorgen um das humanitäre Image des Kronprinzen, denn der ist für die deutsche Wirtschaft ein wahrer Goldschatz. Er bombt zwar die jemenitische Bevölkerung seit Jahren in Hunger und Flucht, hat aber dadefür und desdewegen die goldene Kundenkarte bei der deutschen Rüstungsindustrie.

Angela verspricht, diese Exporte bis auf Weiteres auszusetzen. Testweise wird man regelmäßig Journalisten mit den Worten: „Konsul, öffne uns!" nach Istanbul schicken und ein sehr kritisches Auge darauf haben, in welcher Stückelung sie wieder zurückkommen.

Und wenn Khashoggi nicht gestorben wäre, dann würde er heute noch über den Jemenkrieg schreiben. Blende, Abspann. Er erklingt die Panflöte von „Der einsame Hirte". Not least, but Last!

Fußballer sind auch oft Bullshit-Profis. Müssen sie ja sein, wenn man überlegt, wie denen immer direkt am Spielfeldrand die Mikrophone unter die Nase gehalten werden. Das ist natürlich eine Form von Überforderung, was soll man da sagen? Viel Bullshit entsteht aus Überforderung, da reden wir nicht nur von Trump. Der Klassiker im Sportbereich stammt ja von Andi Möller, der direkt nach dem Schlusspfiff im Interview gesagt hat: *„Vom Feeling her hatte ich ein gutes Gefühl."*

Das ist Bullshit, der davon ablenken soll, dass man gerade nichts zu sagen hat. Ist im Grunde aber nix anderes als: „Vom Jogging her hatte ich einen guten Lauf." Oder gar: „Vom Petting her steckst du ja einfach nicht drin!"

Jens Spahn ging es ja mal ganz ähnlich – den werden Sie wahrscheinlich gar nicht mehr kennen. Das war so ein christdemokratischer Springinsfeld, der besonders in seinen Anfängen als Minister vor lauter Macher-Pose kaum noch dazu kam, etwas Sinnvolles zu tun. Spahn jedenfalls war plötzlich eingewechselt worden ins Gesundheitsministerium – auf dieser Position hatte er vorher ja noch nie gespielt! Und plötzlich waren da auf der Bundespressekonferenz die ganzen Mikrophone. Aber er ist Profi, schaltet um auf Bullshit, und sagt mal was anderes: *„Hartz IV bedeutet nicht Armut!"*

Aha. Der alte Trick mit dem Themenwechsel! Und dann auch noch, was seine Zuständigkeit angeht, völlig im Aus. Hätte man eigentlich pfeifen müssen.

Hartz IV ist ja an sich ein wichtiges Thema. Ok, Jens Spahn, du hast es so gewollt, also reden wir darüber. Armut ist immer relativ, das weiß man, das weiß auch Jens Spahn. Hartz IV bedeutet dementsprechend natürlich nicht Armut im Sinne von „Verhungern in Afrika". In die Situation kommst du als deutscher Hartzer gar nicht. Allein schon mal, weil du dir das Flugticket gar nicht leisten könntest.

Es ist ein offenes Geheimnis, dass die Regelsätze zu gering berechnet sind. Sagen die Arbeiterwohlfahrt und der Kinderschutzbund und die Caritas. Diese ganzen linken Spaßbremsen. Die es schon lange gab, bevor Sahra Wagenknecht mit ihrer Bewegung „Aufstehen" irgendwie liegengeblieben ist. Ach so, Wagenknecht, die werden Sie wahrscheinlich gar nicht mehr kennen – das war so eine dialektisch sehr bewanderte Mischung aus Rosa Luxemburg und Katarina Witt, eine Art „Klassenkampf on Ice" aus der Abteilung „zu intelligent, um gewählt zu werden".

Wie man ein Kind mit 2,70 Euro am Tag vernünftig ernähren soll, das bleibt ein Rätsel. Da kostet manchmal schon eine Handvoll Paprikaschoten mehr. Gut, für eine Cola und ein Snickers reicht es gerade so. Aber das ist ungesund, denn genau das Snickers könnte, Obacht, das müssen Sie sich merken, das ist wichtig, das wissen die

Wenigsten: Das Snickers könnte Spuren von Erdnüssen enthalten.

Wenn Hartz IV reichen würde, gäbe es nicht hunderte von Tafeln im Land. Tafeln, das ist das, wo man sich beim Betteln mit Omas und Asylbewerbern prügeln muss. Und dabei nicht aufhören darf, möglichst dankbar zu lächeln.

Und da kam dann zum Beispiel immer Andrea Viktoria Pipilotta Nahles und hat gesagt: *„Wir haben einen funktionierenden Sozialstaat."* Bullshit! Die Tafeln sind nicht der Staat, die sind ein eingetragener Verein, ohne den der Staat noch blöder dastünde.

Selbst der alleinstehende Single bekommt laut seriösen Berechnungen 60 Euro zu wenig, um überhaupt das Existenzminimum zu erreichen. Tolle Hilfe. Das ist, wie wenn der Rettungsschwimmer sagen würde: „Ich zieh' die Leute aber nur so weit aus dem Wasser, dass die Nase gerade noch drinbleibt! Sonst könnt' ja jeder kommen und sich retten lassen wollen!"

Genau genommen ist die Berechnung des Existenzminimums an sich zu niedrig angesetzt. Da geht es schon mal los. Aber wenn man das realistisch berechnen würde, dann ging es rund. Dann hätten plötzlich hunderttausende Haushalte einen Anspruch auf Hartz IV. Außerdem müsste auch der Mindestlohn steigen. Und weil auch der Steuerfreibetrag mit dranhängt, wäre es auch noch eine Art Steuersenkung. Kurz gesagt: Es wäre die Hölle, oder, wie ich es nenne: Ein Schritt hin zum funktionierenden Sozialstaat.

Das ist dann der Punkt, an dem Jens Spahn sagt: „Halt, man muss immer bedenken, wer das bezahlt, nämlich der Steuerzahler!" Ja, aber der Steuerzahler finanziert auch jede Menge anderes Elend. Zum Beispiel Jens Spahn.

Und was waren jetzt noch mal die großen Erfolge der berühmten Agenda 2010? Also, mal abgesehen davon, dass die SPD jetzt auch schon mal hier und da intensiv an der 5-%-Hürde schnuppern darf?

Wir haben damit jede Menge Arbeitslose aus der Statistik rausgerechnet. Und ansonsten Löhne gedumpt, billig produziert, gut verkauft, und mit unserem Exportüberschuss weltweit anderen die Arbeitslosigkeit vor die Tür gekippt. Und damit zum Beispiel einen Deppen wie Donald Trump erst möglich gemacht. Weil unser Exportüberschuss und seine Intelligenz-unterversorgung als Duo noch gefährlicher sind als Bonnie und Clyde.

Und in Deutschland steigt das Armutsrisiko. Interessanterweise leben Arme öfter an verkehrsreichen Straßen. So gesehen sind Dieselfahrverbote das Konkreteste, was die Politik bisher für Arme zu bieten hat ... Als Zyniker müsste man sagen: Danke Auto-industrie, wenigstens ihr habt in der Sache was bewegt!

Statistiker können sogar nachweisen, dass Arme öfter krank sind. Die 10 % der ärmsten Deutschen leben im Durchschnitt 10 Jahre kürzer als die reichsten 10 %. Jetzt sagen Sie: „Das sind mir zu viel Zahlen!"

Und ich sage: Bullshit, das war bloß dreimal die 10. So schwer ist das nicht.

Aber machen wir es gerne noch mal plastischer: Die Reichen machen Ananasdiät, liegen in St. Tropez auf der Yacht, und kaufen sich im Darknet per Oneclick eine neue Niere. Das alles haben die ärmsten 10 % nicht, die haben höchstens RTL II. Und das überleben die wenigsten.

Das sind harte Zeiten, und alle sind unter Druck. Wir alle rödeln im Hamsterrad. Man sagt uns: „Herzlichen Glückwunsch! Ihr seid die Hamster!" Und wir fühlen uns auch noch geschmeichelt, weil Hamster ja so süß sind. Die haben so putzige kleine Knopfaugen und quieken so lustig, vor allem auch beim Burnout.
Der gilt ja heutzutage fast schon als Auszeichnung. Aber eben eine ohne großen Wert, weil sie jeder bekommt. Der Burnout ist das neue Seepferdchen.

Und schon die 25-Jährigen denken über ihre Work-Life-Balance nach. Als ich 25 war, bestand die Balance darin, einerseits das Studium schleifen zu lassen, und sich andererseits keinen Stress dabei zu machen.

Aber heute stehen alle so unter Druck, dass du als untermotiviert giltst, wenn du ohne Beißschiene gegen das Zähneknirschen ins Bett gehst.

DRUCK

Wir sind eine geschlossene Gesellschaft
Ohne Burnout kommst du hier nicht rein
Wir begrüßen den Stress mit offenen Armen
Und wenn uns der Schlag trifft,
dann soll es halt so sein!

Uns're Augenringe tragen wir wie Orden
Wir pfeifen Triller auf dem letzten Loch
Wir wollen alles, aber bloß keine Gnade
Wenn's dir in der Küche zu heiß ist,
dann werd' halt nicht Koch!

Druck muss man aushalten, sagte die Zitrone
Dann stieg sie in die Obstpresse
und ward nie mehr geseh'n
Druck muss man aushalten
Bis die Kerne quietschen
Aber ende nicht als Smoothie,
denn das ist dann nicht mehr schön!

Wir geben Gas, wir fahren links
Uns're Entspannung heißt Überholvorgang
Adrenalin ist das Koks des kleinen Mannes
Wir gehen nicht in uns, wir geh'n immer mittenmang

Wir sind keine Langweiler wie dieser Buddha
Wir sind Zombies auf Crack, aber immer gut gelaunt

Wir sind scharf wie Lumpi und fix wie Foxi
Ihr wollt´s doch auch, also tut nicht so erstaunt!

Druck muss man aushalten!

Uns geht die Pumpe, uns geht die Düse
Wer nicht fast verreckt, der hat auch nicht gelebt.
Wir schwitzen durch, ganz ohne jede Sauna
Bis uns die Zunge an der Hirnrinde klebt!

Nett ist die kleine Schwester von Scheiße
Wir sind nicht nett; wo wir sind, ist vorn
Der Ausschlag meiner Herzrhythmusstörung
Macht mich noch mehr an als alles auf YouPorn

Druck muss man aushalten!

SCHOOL OF BULLSHIT

In der Schule lernt man ja heute nicht mehr fürs Leben, sondern direkt für den Burnout. Deswegen wundert sich auch keiner, wenn die Wirtschaft versucht, da einen Fuß rein zu kriegen und zum Beispiel mit kostenlosem Lehrmaterial den Unterricht zu entern.

Der wird dann quasi zur Dauerwerbesendung. Und der Lehrer zum Mainzelmännchen. Das sehe ich richtig vor mir, wie der vor die Klasse tritt: „Guten Morgäään!"

Damit man nicht merkt, dass es in diesem Material um Werbung und Beeinflussung geht, muss natürlich viel gebullshittet werden.

Es gab zum Beispiel von der Firma Ritter Sport tatsächlich (mittlerweile zurückgezogenes) Unterrichts-material für die Grundschule, das hieß „*Von der Kakaobohne zur Schokolade*". Ja, und am Ende sind dann die Schüler quadratisch, praktisch, blöd. Da drin wurde tatsächlich als Entspannungsübung vorgeschlagen, dass der Lehrer Schokolade mitbringen soll, damit die Kinder entdecken, „*wie der Inhaltsstoff Tryptophan die Stimmung hebt*". Jetzt sind die Kids eh schon auf Ritalin, und dann kommt auch noch Tryptophan dazu. Also, kiffen müssen die nicht mehr!

Von der Firma Wrigley gibt es die 15-seitige Broschüre „*Kauen mit Köpfchen - Lernen rund um Kaugummi*". Das kann ich mir vorstellen: *Der* Unterricht zieht sich…

Da muss man ja froh sein, wenn es Kaugummi mittlerweile noch nicht als Leistungskurs gibt.

Zur Ablenkung ist das Ganze getarnt als Aufklärung zum Thema Abfallentsorgung. Deswegen ist gleich vorne drauf auch ein Erdball abgebildet. Der korrekte „ *Umgang mit dem Kaugummi* "ist da grafisch dargestellt, in drei Schritten: „*Ausspucken, einpacken, wegwerfen*".
Das ist schon anspruchsvoll! Das ist im Grunde Oberstufe! Dass man da auch die richtige Reihenfolge einhält! Wenn du da zuerst einpackst und wegwirfst, stehst du da und weißt nicht, was du jetzt noch ausspucken sollst! „Ausspucken, einpacken, wegwerfen" – das wäre auch die passende Reaktion auf diese Broschüre.

Einen praktischen Tipp gab es, der mich schwer beeindruckt hat. Um Kaugummi aus den Haaren zu entfernen, soll man sich da an dieser Stelle Erdnussbutter einmassieren. Ich muss ehrlich sagen: So etwas habe ich in der Schule nicht gelernt. Tja, Hessen-Abi.

Bei so einem Unterrichtsmaterial musst du dich nicht wundern, wenn deine Kinder daheim den Süßigkeiten-schrank plündern und dann behaupten, das seien die Hausaufgaben.

Da habe ich auch keine Fragen mehr, warum es von den baden-württembergischen Chemieverbänden eine Schulbroschüre gibt zum Thema „*Blutzucker und Blutzuckermessgeräte*". Die werden dann auch dringend nötig sein bei dem ganzen Süßkram. Darin werden andauernd die tollen Hightech-Geräte von Roche Diagnostics gelobt. Und dann wird Roche gedankt, weil das der Sponsor der Broschüre ist. Fehlt nur noch, dass sie sich bei Ritter Sport und Wrigley auch noch direkt für den Blutzucker bedanken.

Das sind noch die harmlosen Beispiele. Es gibt auch Lehrmaterial von der INSM, der „Initiative Neue Soziale Marktwirtschaft". Das ist gewissermaßen die PR-Agentur der Arbeitgeberverbände. So ein neoliberaler Drecksack-Lobbyverein. INSM. Allein die Endung sagt alles: SM! Das kann auch schon mal weh tun.

Deren Unterrichtsmaterial nennt sich jedenfalls „*Ein Schnupperkurs in Sachen Ökonomie*". Ich möchte nicht wissen, *was* die geschnüffelt haben! Und da drin heißt es dann: „*Übrigens: Man ist kein Moralapostel, wenn man die wahnwitzige staatliche Umverteilung an den Pranger stellt.*" Ich sag mal so: Wenn du gerade Erdnussbutter in den Haaren hast, bist du so einem Satz wehrlos ausgeliefert!

Oder, auch schön: „*Dass 'Eigentum verpflichtet' und dem Wohl der Allgemeinheit dienen soll, ist gut gemeint. Aber man stelle sich vor, das würde auch im Sport gelten. Hätte sich Michael Schuhmacher absichtlich von seinen Konkurrenten überholen lassen sollen, oder seine Gagen mit dem Formel-1-Publikum teilen sollen?*"

Das ist kein Unterrichtsmaterial, das ist weltanschaulicher Kindesmissbrauch! Lehrmaterial aus der Wirtschaft. Und was kommt dabei raus? Kaugummikauende BWL-Diabetiker auf Tryptophan.

GRÜNGEWASCHEN

Manche Bullshit-Begriffe lenken uns ab, damit wir kein schlechtes Gewissen haben müssen. Ich war zum Beispiel in meinem jugendlichen Leichtsinn lange der Meinung, dass Eier aus „Bodenhaltung" eine gute Sache sind. Bis mir jemand erklärt hat, dass auch Käfiggitter als „Boden" gelten, wenn die Maschen nur eng genug sind. Im Grunde ist das eine bodenlose Frechheit.
Und wenn man die Käfige übereinanderstapelt, dürfen sich sogar bis zu 18 Hennen pro Quadratmeter gegenseitig quasi auf den Kopf kacken. Und das heißt dann auch Bodenhaltung. Das ist, wie wenn ich mitten in der Jauchegrube stünde und sagte: „Das ist ein körperwarmer Wellnesspool."

Die Sache mit der Bodenhaltung hat mir mal jemand beim Brunch erklärt. Das war für mich ein eher ungünstiger Moment. Da hatte ich weniger Lust auf Meinungsbildung, sondern mehr auf Rührei. Aber man kommt schon ins Grübeln. Warum ich das nicht wusste, und was das jetzt mit meinem Weltbild macht. Und auch mit meinem Rührei.

Und dann ist die Frage: Bin ich mehr der Typ für Altersweisheit oder für Altersstarrsinn? Öffnet man sich, oder macht man dicht? Im letzteren Falle muss man sich verhalten wie in diesem alten Spruch, der da heißt, dass es „kein schlechtes Wetter gibt, sondern nur unpassende Kleidung". Dann sagt man: Meine Meinung ist goldrichtig, aber die Welt passt einfach nicht dazu! Dann muss man sich schnell eine Realität suchen, die sich besser mit der Meinung vereinbaren lässt. Das heißt für mich: Ich gehe seitdem mit anderen Leuten frühstücken.

Manchmal ist die Realität schon wesentlich komfortabler, wenn einfach jemand beherzt „Bio" draufschreibt. Dann kannst du im Winter Bio-Erdbeeren kaufen und im Sommer Bio-Grünkohl. Der wahrscheinlich in einem Bio-Flugzeug mit Bio-Kerosin aus irgendeiner Plantage mit Bio-Sklaven kommt. Die haben dann wahrscheinlich zertifizierte Fußfesseln aus Hanf.

Es gibt Bio-Garnelen, die sind mehr auf der Welt herumgejettet als unser Außenminister! Die kommen teilweise aus Bangladesch und werden da gezüchtet, wo früher Reis angebaut worden ist. Das Dumme ist nur: Von dem Reis hat sich da vorher auch die Bevölkerung ernährt. Bio-Garnelen können die sich gar nicht leisten. Die haben jetzt natürlich Hunger. Aber ich kann Sie beruhigen – der Hunger ist bestimmt *auch* total nachhaltig ...

Diese Garnelen werden übrigens mit Soja gefüttert, für dessen Anbau man in Südafrika ganze Savannen platt gemacht hat. Alles nur, damit die Garnele dann „Bio" heißen darf und du dir beim Essen vorkommen kannst, als würdest du gerade mit Greenpeace im Schlauchboot Robbenbabys retten.

Es ist immer dasselbe: Kaum hatte die EU damals angekündigt, dass sie Bio-Sprit einführen will, hat man in Indonesien Regenwälder gerodet. Für das Palmöl, das in den Bio-Diesel reinkommt. Um diese Wälder jetzt wieder aufforsten zu lassen, müsstest du für jeden getankten Liter Diesel mindestens drei Kästen Krombacher wegsaufen. Aber wer hat denn dafür die Zeit und die Leber?

Das gute alte Bio ist anscheinend irgendwann unbemerkt auf die dunkle Seite der Macht und in den Waffenschrank der Bullshitter gerutscht. Fast könnte man denken, Bio sei Darth Vader und die Erde sein Todesstern.

Sagen wir mal so: Bio ergibt natürlich Sinn. Echtes Bio. Wenn es regional ist, wenn du dem Hersteller die Hand schütteln könntest, und er davon leben kann. Ohne seine Kinder verkaufen zu müssen. Oder wenigstens nicht alle.

Aber viel zu oft ist selbst Bio nichts Anderes als eine hübsche Illusion. Bio ist die Silikontitte der Nachhaltigkeit. Selbst bei McDonald's gab es schon mal zeitweise einen Bio-Burger. Das Bio bezog sich dabei aber nur auf die Bulette; der Rest war derselbe Rotz wie immer. Du hattest den üblichen fiesen Klumpen im Bauch, aber 20 % davon haben beim Verdautwerden leise gesungen: „Heal the world, make it a better place!"

Es gibt inzwischen auch Bio-Plastiktüten. Die theoretisch kompostierbar sind, praktisch hat es sich aber nicht immer bis zur letzten Tüte herumgesprochen!

In Wirklichkeit geht es doch nur darum, dass wir weiter machen wollen wie bisher, aber dabei als Bonus das Gefühl brauchen, alles würde besser. Das ist, wie wenn man daheim sagte: „Ach, Schatz, lass das Licht im Keller ruhig an, das ist doch Öko-Strom."

RÜSTUNG

Kennen Sie noch die Russenpeitsche? Dieser Begriff ist ja auch reiner Bullshit. Kaum war es mal ein paar Tage richtig kalt in Deutschland, erfand die Bildzeitung den Begriff „Russenpeitsche". Früher hieß das Winter.
Die Bildzeitung nennt ja auch den russischen Sender RT inzwischen schon wieder „Feindsender". Die Bildzeitung darf das, denn sie ist ja bekanntlich ein Drecksblatt.

Der Russe ist an allem schuld. Er vergiftet angeblich Spione mit einem Nervengift namens Nowitschok, das wurde den Skripals in Salisbury an die Haustür geschmiert. Und schon war da Putin ante Portas.

Der Russe ist angeblich der Einzige, der in Syrien den Frieden verhindert, und er ist sogar schuld daran, dass im Russisch Brot keine Umlaute vorkommen. Schon mal aufgefallen? Eine Riesensauerei!

Das mit der russischen Bedrohung schaukelt sich spätestens seit der Ukraine kontinuierlich hoch. Und der Putin, der macht ja mit, wenn man ihn provoziert. So, wie der sich immer mit nacktem Oberkörper fotografieren lässt, hat er auch jederzeit Bock auf Schlamm-Catchen.

Interessanterweise hat die NATO (laut Angaben des seit 1958 jährlich erscheinenden IISS-Reports „The Military Balance") einen Rüstungsetat, der beispielsweise 2018 ungefähr 4-Mal größer war als der Russlands. Der von NATO und USA zusammen war sogar 14-Mal größer. Wer da wen bedroht, ist also gar nicht so klar. Das ist ein bisschen wie bei Tom und Jerry, wenn die Maus sagt: „Ich hab' Angst vor dieser Katze! Die hat ´ ne riesige Stange Dynamit – im Hintern. Bumm!!!"

Die USA haben seit den Neunzigern 5 Milliarden Dollar in die Ukraine gepumpt. Für Revolte und Regimewechsel. Sag' nicht ich, das hat Viktoria Newland gesagt, als sie mal am Telefon abgehört worden ist. Die werden Sie wahrscheinlich gar nicht mehr kennen, das war diese US-Staatssekretärin für Außenpolitik, die auch gesagt hat: *Scheiß auf die EU.* Und da ging es nicht um ihre Urlaubsplanung.

Für 5 Milliarden kriegst du als Reaktion natürlich eine Menge bösen Putin. Da legt der auch noch mal eine Ampulle Nowitschok drauf. Dann sind da „Los Wochos" mit Kasatschok!

Rüstungstechnisch gesehen läuft das global sehr gut mit den Konflikten. Weltweit wird so viel Geld für Rüstung ausgegeben wie seit dem Ende des Kalten Krieges nicht mehr. Damit könnte man tatsächlich alle Hungernden der Welt ernähren. Aber das wäre zu kurz gedacht. Und naiv, ich weiß. Denn ohne Hunger gäbe es auch mehr Frieden auf Erden. Und dann begänne das große Hungern in der Rüstungsindustrie.

Da müssten wir dann zum Beispiel Fresspakete nach Oberndorf am Neckar schicken, wo Rheinmetall seine Waffen baut.

Für uns in der NATO ist ja das Ziel, 2 % des Bruttoinlandsprodukts für Rüstung auszugeben. Abgekürzt 2 % vom BIP. Das dürfen Sie nicht mit dem Netto verwechseln. Das sind zwei ganz verschiedene Sachen, das eine ist *das* Brutto und das andere ist *der* Netto. Jetzt sagen Sie „Boah, ey, Hormuth! Püh! Was geht dich denn das an, wo ich einkaufe!" Und da haben Sie natürlich Recht.

Es geht bei diesem Ziel für Deutschland um mindestens 60 Milliarden mehr fürs Militär. Davon könnte man jede Menge Lehrer und gutbezahlte Pflegekräfte einstellen. Und dann soll er aber mal kommen, der Russe! Aber nein, wir rüsten lieber auf, das bringt einfach mehr Lebensqualität.

Die Bundeswehr hat ja inzwischen sogar Drohnen. Erst mal geleast. Wie daheim. Und ich nehme an, wenn sie zu viele Kilometer damit machen, wird es auch teurer ... Das war bestimmt eine Idee dieser ganzen Bundeswehr-Berater, die Ursula von der Leyen angeheuert hatte – die werden Sie wahrscheinlich gar nicht mehr kennen. Das war so eine Ministerpräsidententocher mit Fräulein-Rottenmeier-Anmutung, die als Strafe für ihr maues Bundeswehr-Controlling nach Europa hoch- und weggelobt worden ist.

Es gab da ja einen Skandal um Beraterverträge. Die wild vergeben wurden an so Unternehmensberater wie McKinsey. Für um die 100 Millionen. Laut Bundesrechnungshof ohne nachgewiesene Notwendigkeit oder gar Wirtschaftlichkeit. Also auf Deutsch: Nicht attraktiv & preiswert, sondern überflüssig und teuer. Da hätte sie für einen Bruchteil des Geldes die Probleme der Bundeswehr auch einfach mit ihrem Frisör besprechen können.

An McKinsey gingen die Aufträge teilweise ohne jede Ausschreibung. Besonders pikant ist das, wenn man weiß, dass von der Leyens Sohn, also „der von der von der", dass der da Führungskraft mit Unternehmens-Gewinnbeteiligung ist.
Und eine ihrer Töchter, auch eine von der von der, arbeitet ebenfalls bei McKinsey. Die können den Laden bald umbenennen in McLeyen.

Als Ministerin hat sie ja immer schon gesagt, sie will, dass die Bundeswehr familienfreundlicher wird. Jetzt ist klar: Sie hat *ihre* Familie gemeint.

Ich weiß nicht, wer die Bundeswehr bei ihren Werbekampagnen berät. Aber da sollte man vielleicht auch noch mal ran. Die hatten doch tatsächlich zeitweise riesige Plakate im Land hängen mit dem Slogan „*Folge deiner Berufung"*, das fand ich immerhin besser als so etwas wie: „Wir haben den Schuss gehört!" oder: „Ziele haben und Freunde treffen!"

Auf den Plakaten waren supercoole Soldatinnen mit U-Boot, Panzer oder Maschinengewehr im Anschlag, ganz großes Kino, und dazu dann immer ein Schlagwort. Genau genommen ein Hashtag. Fragen Sie Ihre Enkel. *#kämpfen, #sichern* oder gar *#führen*. Führer. Das ist mal ein Jobangebot! Das klingt nach Tradition. Und einer längerfristigen Festanstellung, für, sagen wir mal, 1.000 Jahre …
Auf dem Plakat mit dem *#kämpfen* trägt die Soldatin übrigens das skandalumwitterte Sturmgewehr G 36, da hätte man auch was anderes drauf schreiben können: #danebentreffen.

Die Bundeswehr hatte dann sogar einen Stand auf der Gamescom, der Computerspielmesse in Köln. Da muss man erst mal draufkommen. Demnächst rekrutieren sie direkt auf dem Ballermann! Es hingen dann in der Stadt auch noch mal extra Plakate für die Gamer. Auf denen stand, ungelogen: *„Multiplayer at it ́s best"*. Oder: *„Mehr Open World geht nicht"*. Auch da: Fragen Sie Ihre Enkel. Das sind so die Momente, wo du denkst: Ich höre auf mit Kabarett, die Berater der Bundeswehr haben einen schwärzeren Humor als ich.

Aber wir kamen ja von den Drohnen! Die Bundeswehr hat wahrscheinlich gedacht: „Wenn schon Amazon gerüchteweise in Sachen Zustellung mit Drohnen experimentiert, dann brauchen wir die auch!" Das muss man verstehen, das ist modern. Und mit Drohnen kann man schnell reagieren, dann gibt es bestimmt auch bald „Bundeswehr Prime". Dann können wir noch vor Mittag angreifen, wenn uns jemand am Vortag bis 18:00 Uhr den Krieg erklärt hat.

Für all das muss Europa natürlich noch umgebaut werden zu einer, wie Ursula von der Leyen es nannte, *„militärischen Schengen-Zone"*. Das ist auch so ein Bullshit-Begriff. Das klingt so schön nach freien Grenzen, freier Liebe, Friede, Freude – Bullshit! Es geht dabei vor allem um eine Zone, in der sich das Militär schnell und frei bewegen können soll. Das muss hier praktisch barrierefrei durchrutschen bis an die Ostfront!

Dafür müssen erst mal noch jede Menge Straßen und Brücken repariert werden. Wenn du also das nächste Mal auf der Autobahn im Baustellenstau stehst, dann darfst du das nicht persönlich nehmen, die investieren da nicht für dich! Das ist die Aktion panzerfreundliches Land. Let's make Autobahn great again!

Damit sind wir wieder beim Trump, hier schließt sich ein Kreis. Der Witz ist ja, dass Trump nicht nur Bullshit redet, sondern selbst auch als Bullshit verwendet werden kann. Der Mann ist Bullshit in jeder Hinsicht. Rundum, 360 Grad. Deshalb hat sich wohl auch keiner gewundert, als er mal hochoffiziell in seine Air Force One gestiegen ist, und an seinem Schuh hing ein Stück Klopapier.

Davon gibt es ein Foto, das müssen Sie mal googeln! Da hat keiner was gesagt. Kein Mitarbeiter, keine Security. Er war ja nicht allein, das hätte doch jemand merken müssen. Ich vermute: Die haben das alle gesehen und nur gedacht: „Nee, klar!" Für einen Bullshitter ist das ein ganz normales Accessoire.

Alle tun immer wieder so, als wäre das 2-%-Ziel die Idee von Trump. Das hat aber schon 2014 die NATO selbst beschlossen. Und auch Obama wollte das, hat aber netter dabei gelächelt, wie er halt so war. Obama, den werden Sie wahrscheinlich gar nicht mehr kennen, das war ein durchaus humorbegabter Präsident mit sehr patenter und attraktiver Ehefrau, der vorauseilend das „*Wir schaffen das!*" von Angela Merkel für seinen eigenen Wahlkampf geklaut hat. Ich sage immer: Obama, das war der Sympathischste unter allen Befürwortern der Todesstrafe.

Als aber die Bevölkerung in Europa irgendwie nicht so heiß war auf Rüstung, hatte man die Idee: Komm, soll der Spinner aus dem Weißen Haus noch mal Druck machen! Das ist ein Fall für diesen Agent Orange! Und wenn Trump droht, dann muss Europa natürlich aufrüsten. Da können wir gar nix für.

Um von Krieg abzulenken, braucht es generell besonders aufwändigen Bullshit. Der Klassiker kommt von Donald Rumsfeld – den werden Sie wahrscheinlich gar nicht mehr kennen. Das war dieser ehemalige Verteidigungsminister der USA, der immer Sachen geredet hat, als wären ihm die Twin Towers direkt auf den Kopf gefallen.

Er hat mal erklärt, warum er dummerweise nicht beweisen kann, dass der Irak Massenvernichtungswaffen an Terroristen liefert. Er konnte es nicht erklären, hätte es aber gerne. Und dafür hatte er wiederum eine wunderbare Erklärung:

„Wie wir wissen, gibt es bekannte Wahrheiten; es gibt also Dinge, von denen wir wissen, dass wir sie wissen. Wir wissen auch, dass es bekannte Unbekannte gibt, das heißt wir wissen, dass es Dinge gibt, die wir nicht wissen. Aber es gibt auch unbekannte Unbekannte - also Sachen, von denen wir nicht wissen, dass wir sie nicht wissen."

Wenn das kein Bullshit ist, dann weiß ich auch nicht! Ich kann mir richtig vorstellen, wie der Rumsfeld nach diesem Arbeitstag nach Hause gekommen ist, und seine Frau hat nur die Augenbrauen hochgezogen und gesagt: „Ich sag' mal nix!"

FREUND SEIN

Man merkt das ja selbst nicht immer, wenn man Bullshit redet. Das ist ein bisschen wie beim Mundgeruch, da ist man darauf angewiesen, dass man gute Freunde hat, die einen beiseite nehmen und sagen: „Hier, trink das mal, das ist ein Liter Odol."

Und wenn du nicht kapierst, was er meint, versuchst du vielleicht einen Witz zu machen und antwortest: „Odol trink' ich doch nur auf Eis, hahaha!" Und schon hast du einen Freund weniger, weil er ins Koma gefallen ist. Da gibt es ein gewisses Aufklärungsrisiko. Man braucht Mut, um einen Freund auf so etwas hinzuweisen. Aber sagen wir es mal so: Wer dir steckt, dass du aus dem Mund riechst, das ist ein echter Freund.

Beim Ehepartner macht man das irgendwann nicht mehr. Da hebt man sich das bis zur Scheidung auf. Der Rumsfeld ist seit über 60 Jahren verheiratet. Da tickt die Bombe, das sag ich Ihnen!

Wie gibt man einem Freund den entsprechenden Hinweis? Bei meinen Auftritten verteile ich immer gelbe Karten mit dem Aufdruck „Bullshit ist kein Dünger". Wenn jemand in deinem Umfeld Bullshit erzählt, dann steckst du ihm diskret so eine Karte zu. Du kannst ihn aber auch zur Seite nehmen und sagen: „Guck mal hier, ich habe dir ein paar Artikel ausgedruckt, schau dir das mal an, das könnte dir guttun!"

Hauptsache, man macht was. Kümmert sich. Da muss man schon aufpassen, dass so einer nicht abdriftet. Das kommt ja vor. Erst fängt es harmlos an mit Globuli und Kokosfett. Und plötzlich ist er Reichsbürger. Und irgendwann wickelt er sich komplett in Alufolie ein, sitzt mit 2.000 Konservendosen im Keller und wartet aufs nächste Alien-Taxi, das ihn abholen soll.
.

R Ü D I G E R

Rüdiger hortet Vorräte
Die Erde ist für ihn keine Kugel
Seinen Ausweis hat er verbrannt
Seine Universität heißt Google
Rüdiger trägt einen Alu-Hut
Und Hosen aus Cord, es geht ihm wirklich nicht gut.

Rüdiger glaubt, dass der Führer lebt
Irgendwo oben in Grönland
Mit Kornkreisen im Haar
Die außer ihm nie einer schön fand
Rüdiger erklärt dir das alles gern
Und gerne auch laut, dass die Nachbarn es hör'n

Wir haben Rüdiger verloren,
heut' steckt er bis über beide Ohren
in Zusammenhängen, die wir nicht versteh´n
Rüdiger fiel einfach hinten runter
und dann ging er irgendwann auch unter,
ist so gesehen nicht unser Problem

Rüdiger ist mitten unter uns
Doch er lebt in Dimensionen
In denen außer ihm
Nur Illuminaten und weiße Mäuse wohnen
Rüdiger zahlt keine GEZ
Wenn Wahlsonntag ist,
dann bleibt er brabbelnd im Bett
Rüdiger kommt selbst nicht klar
Dafür braucht er keinen Guru
Er ist ein seltsamer Kauz
Und vielleicht schnüffelt er ja Uhu
Rüdiger trinkt auch kein Wasser mehr
Denn da ist irgendwas drin,
das verändert dich schwer

Rüdiger will keinen Kontakt
zu seiner Familie, die hat bei ihm verkackt
Rüdiger hat ja noch seinen Verstand
massiv unverrückbar, wie eine Schrankwand
Rüdiger ist uns sehr weit voraus
Denkt vom Ende her, und sieht auch so aus
Rüdiger schreibt uns ein Manifest,
Mit dem er uns dann auf dieser Welt zurück lässt

Wir haben Rüdiger verloren.

DIGITAL MAUERN

Generell kann man sagen: Diese Zeiten sind ideal für
Bullshit. Weil die Welt immer komplizierter wird. Und
weil wir diese tollen neue Medien haben, die ständig
wollen, dass wir was von uns geben, dass wir senden.
Wer heute noch Nahrung zu sich nimmt, ohne sie vorher
zu posten, gilt ja mittlerweile schon als essgestört.
Und gleichzeitig sind wir chronisch überfordert. Alles
zu verstehen und zu erklären wird immer schwieriger,
Bullshitten dagegen immer einfacher. Du musst nur
aufpassen, dass du auf der richtigen Seite des
Ventilators stehst.

Weil wir die Welt nicht mehr ernsthaft erklären können,
erklären wir lieber uns. Das geht immer. Auf YouTube,
auf Facebook, auf Instagram. Früher haben wir Wissen
gesammelt, heute sammeln wir nur noch Selfies.
Oder wir erklären uns so, wie wir uns noch von früher
kennen. Das sind dann die Ewiggestrigen. Die leben in
ihrer Zeitkapsel und schießen auf jeden, der mit der
Gegenwart ankommt. Die sind stehengeblieben wie eine
kaputte Uhr, und merken es nicht, weil ihre Zeit ja
einmal am Tag stimmt.

Sich selbst kann man einfach erklären. Weil man näher
dran ist. Weil wir einfach gestrickt sind. Und weil es
keiner nachprüfen kann. Und am Ende bist du selbst nur
noch Bullshit. Eine arme Wurst.

Doch erst einmal ist Bullshit verführerisch. Er kann was. Man kann sich sogar mit ihm schützen wie mit einer Mauer. Ich mache das auch, zum Beispiel im Internet. Datenschutz ist nicht nur dort eine wichtige Sache. Inzwischen haben wir ja eine europäische Datenschutzverordnung, aber die hat eher für Verwirrung und Aufregung gesorgt.

Einerseits bei denen, die sowieso finden, dass alles, was aus Brüssel kommt, im Grunde vom Teufel, den Rothschilds und den Außerirdischen ausgeheckt wurde, um den deutschen, weißen, heterosexuellen Mann in den Wahnsinn zu treiben und auszurotten. Ich sag' mal so: Mit *dieser* Gefahr kann ich persönlich umgehen. Ich mache das wie früher mit der Gasgefahr im Bergbau, da hat man ja einfach geschaut, ob der Kanarienvogel von der Stange gefallen ist. Und ich denke: Solange der Gauland nicht umkippt, werde ich es auch überleben.

Viel Aufregung kam auch von den Leuten, die sagten, diese DSGVO ist ein Bürokratiemonster, die macht nur Arbeit! Das waren oft die Anwälte und IT-Berater, die sich gefreut haben, dass die mit dieser Arbeit jetzt richtig Geld verdienen können.

Im Grunde wurde es im 21. Jahrhundert doch mal Zeit, dass jeder, der Kunden hat, auch versteht, dass personenbezogene Daten ein wichtiger und brisanter Rohstoff sind. Und dass Datenschutz vor der eigenen Haustür anfängt, um nicht zu sagen, beim Frisör. Der könnte ja gerade auf dem Dorf die geschnittenen Haare sammeln, einschicken und im Labor analysieren lassen, rausfinden, wer der eigentliche Vater welcher Kinder ist, und die entsprechenden Adressen und Telefonnummern dann an eine ostkirgisische Erpresserbande verkaufen. Ich spüre, wie der eine oder andere Leser jetzt doch überlegt, ob er sich nicht diesen Staubsaugeraufsatz holt, um sich lieber selbst zu scheren.

Es gab ein paar extrem hysterische Reaktionen auf die DSGVO. Ein deutscher Immobilien-Eigentümerverband hat dazu geraten, sicherheitshalber auf den Klingelschildern keine Namen mehr anzubringen. Vielleicht sollte man wie beim Chinesen nur noch Nummern hinschreiben? Und dann sagt man: „Ich besuche jetzt die 121, danach mach' ich Klingelstreich bei der 85, und dann geh ich noch mit der 69 fremd."
Oder alle haben auf der Klingel nur noch so Internet-Namen wie „Einhorn67". Dann wohnt im Kanzleramt „Mutti47".

Nein, das ist Quatsch. Klingelschilder sind nicht von der DSGVO betroffen. Genau so wenig wie Kindergartenfotos. Heutzutage kriegen ja die Kinder, wenn sie in die Schule kommen, ein schönes dickes Fotoalbum mit ihren schönsten Momenten. Und ein Kindergarten in Nordrhein-Westfalen hat doch tatsächlich vor lauter DSGVO-Panik auf jedem einzelnen Foto die Gesichter der anderen Kinder blau übermalt. Die Kids haben geheult und gesagt: „Mama, ich war doch gar nicht im Schlumpf-Kindergarten!"

Was sind denn das für Kindergartenerinnerungen? Dass man dann irgendwann denkt: „Ich hab' gebastelt und

Ball gespielt, und alle anderen waren immer nur blau?"
Der einzige Sinn von so etwas ist doch, dass man später
da reinguckt und sagt: „Ach, schau mal, der Günther,
der sah schon mit 3 so doof aus! Und da ist die Lisa, in
die war ich mit 5 verliebt, und mit 14 hab' ich sie dann
auf Facebook gemobbt!"

Kein Experte glaubt ernsthaft, dass ein Kinder-
gartenfotoalbum etwas ist, was unter die DSGVO fällt.
Aber das sind so Extrem-Storys, die immer gut
Stimmung gegen die EU machen, so wie diese
Gurkenkrümmungs-Verordnung, die schon seit fast 10
Jahren sowieso nur noch am Stammtisch existiert. Das
ist natürlich auch irgendwie ein Männertrauma, dass
krumme Gurken aussortiert werden sollen, klar.

Die ganze Debatte klang so, als würde jetzt viel zu viel
datengeschützt. Und das lenkte wunderbar davon ab,
dass Deutschland dabei im Rahmen der DSGVO über
diverse Ausnahmeregelungen den Datenschutz sogar
eher aufgeweicht hat. Weil Geheimdienste weniger
kontrolliert werden können. Weil mehr
Videoüberwachung erlaubt ist. Darüber redet keiner,
weil alle damit beschäftigt sind, erst mal ihre heulenden
Kindergärtner, Frisöre und Vermieter zu trösten.

Wir können uns nicht auf den Gesetzgeber verlassen bei
diesem sensiblen Thema. Mittlerweile denke ich, dass
wir sogar anfangen müssen, aktiv unsere digitalen
Spuren zu verwischen. Ich habe mir dazu eine Technik
ausgedacht, die nenne ich Guerilla-Liking. Das geht
ungefähr so, wie ich es im folgenden Songtext
beschreibe.

ICH LIKE WAS

Die AfD denkt neuerdings,
ich würd' sie wirklich mögen
nur weil ich ihr folge,
die ha'm den Schuss echt nicht gehört
Ich versuche mich halt eben,
so im Netz zu bewegen,
dass mein Hin und Her
die Datenkrake verstört

Ich bin Vegetarier, und folge lauter Würstchen
Ich mache schwer auf Fantasy, und bin doch realistisch
Ich like auch mal Panzer oder Schnellfeuergewehre
Und bleibe doch im Innersten entschieden pazifistisch

Ich like was, was du nicht likest
Ich surfe sehr weit raus
Der Algorithmus wundert sich
und kennt sich nicht mehr aus
Ich like was, was du nicht likest
Ohne Sinn, doch mit Verstand
Ich mach mich unberechenbar
Bei mir hat schon sehr lange
keiner mehr irgendein Muster
oder gar ein klares Surf-Profil erkannt

Wegen mir hat dieser Zuckerberg
jetzt immer so ein Zucken

Und wünscht sich nur,
er hätte was Vernünftiges gelernt
Erst surf' ich beim IS vorbei
und dann beim Räuber Hotzenplotz
Mein digitales Ich hat sich schon weit von mir entfernt

Bei Amazon bestell' ich nur die Bücher, die ich hasse
Alles für die Schwiegermutter, oder 50 Shades of Grey
Wenn ich wirklich wo nicht hinwill,
berechne ich die Route
Und schick' sie dann mit Grüßen direkt an die NSA

Ich like was, was du nicht likest!

Die Suchmaschine hat schon Angst,
was ich gleich wieder suche
Ob Nacktfotos von Seehofer oder milchfreie Laktose
Ich bin dieser Spinner, vor dem das Internet zittert
Wenn es eine hätte, es machte sich glatt in die Hose

Ich like was, was du nicht likest!

FACHKRÄFTE

Das mit dem Ablenken und Mauern per Bullshit funktioniert ganz gut. Auf allen Ebenen. Problem ist nur: Hinterher steigt gar keiner mehr durch. Bullshit macht uns insgesamt gaga, am Ende weißt du nicht mehr, was eigentlich Sache ist.

Das ist wie beim Fachkräftemangel. Die Debatte zu diesem Thema ist leider auch ganz oft Bullshit. Im Grunde will man doch davon ablenken, dass in vielen Branchen die Löhne zu niedrig sind, um gute Leute zu finden. Und dass jahrelang zu wenig ausgebildet worden ist. Da könnte man jetzt zu den Betrieben sagen: „selber schuld", aber Fachkräftemangel klingt eindeutig besser.

Die Deutsche Industrie- und Handelskammer behauptete in ihrem Arbeitsmarktreport 2018, dass *„1,6 Millionen Stellen längerfristig nicht besetzt werden können"*. Wenn man sie fragt, wo sie diese Zahl herhaben, wechseln sie spontan das Thema und bieten dir Luftballons und Kugelschreiber an.

Aber nehmen wir mal zum Spaß an, die Zahl stimmt. Was steht denn diesen 1,6 Millionen im Land so gegenüber? Zum Beispiel rund 2,5 Millionen offiziell Arbeitslose. Von denen hat die Hälfte sogar eine abgeschlossene Berufsausbildung. Die sind quasi vom

Fach. Klingt komisch, ist aber so – würde es wohl in der Sendung mit der Maus heißen.

Dazu kommt noch einmal eine knappe Million, die man unter anderem aus der Statistik rausgetrickst hat, weil sie in Fortbildungen stecken, in denen man lernt, Bewerbungsschreiben zu verfassen, ohne dabei vom Blitz getroffen zu werden. Das sind Fortbildungen, nach denen viele Arbeitslose das Gefühl haben, mit irgendetwas aus dem RTL-Frauentausch verwechselt worden zu sein.

Zu der knappen Million gehören auch noch die berühmten 1-Euro-Jobber. Denen man sagt: „Arbeite mal für lau, damit du wenigstens nicht vergisst, wie sich Arbeit anfühlt, nä?" Ich meine, für einen Euro arbeiten ja sonst höchstens noch die Einkaufswagen im Supermarkt. Und selbst die fühlen sich dabei nur rumgeschoben.

Und all diese Leute nennt man heute nicht mehr arbeitslos, nein, dafür gibt es einen Bullshit-Begriff, die sind „unterbeschäftigt". Die Beamten, die sich diesen Begriff ausgedacht haben, sind natürlich keine zynischen Sesselfurzer, die sind bestimmt nur „unterempathisch".
Das sind Leute, die von ihrer Frau gefragt werden: „Schatz, liebst du mich eigentlich noch?" Und dann sagen sie: „Ja, ich bin nur etwas untererotisiert!"

Auch von den gut 5 Millionen, die im schönen neuen Niedriglohnbereich arbeiten, würden garantiert einige gerne Facharbeiter sein. Aber natürlich nicht zum Spaß, sondern für Geld. Weil, für Spaß kannst du dir ja nix kaufen. Stell dich mal zum Spaß an die Supermarktkasse, ohne Geld, aber mit 'ner Tröte und Konfetti …

Welche Branchen haben denn die größten Probleme, ihre Stellen zu besetzen? Den Bau nehmen wir jetzt mal aus; die Baubranche boomt, aber das ist eine Folge der Bankenkrise. Weil: Aus der Bankenkrise wurde die Schuldenkrise, und dann waren die Zinsen im Keller. Wer heute Geld hat, legt es nicht an, sondern baut damit. Da ist die Baubranche quasi Krisengewinnler und jammert auf hohem Niveau. Das sind mal Zusammenhänge! Nur, weil vor über 10 Jahren die Lehmann Brothers zusammengebrochen sind, kann ich jetzt ewig warten, bis irgendjemand kommt und mein Dach repariert. Danke, Wallstreet!

Die meisten Facharbeiter fehlen bei den Zeitarbeitsfirmen, den Gesundheitsdienstleistern oder in der Gastronomie. Da, wo es nicht viel zu verdienen gibt. Die finden keinen. Da gibt es natürlich keinen Zusammenhang. Genau so wenig wie zwischen Langhaarkatzen und Fusselbürsten. Und wenn die dann mal einen neuen Mitarbeiter finden, ist er schnell wieder weg, sobald er etwas besser Bezahltes findet.

Facharbeiter sind meistens keine Raketen-wissenschaftler, sondern überwiegend Leute, die zum Beispiel als Pflegekraft mit 1.100 Euro netto auskommen sollen. Und für die haben wir nicht mehr Geld, aber immerhin den schönen Begriff „Facharbeiter". Den können sie sich dann als Orden an die Brust heften.

Und bei Scrabble gibt es dafür immerhin 21 Punkte. Da kann man nicht meckern.

In einem hat die Industrie- und Handelskammer Recht: Das Bildungsniveau der Schulabgänger ist mau. Wenn Du die fragst: „Wie lange dauerte der 30-jährige Krieg?" – dann müssen die heute erst mal googeln.

Das liegt aber nicht an irgendwelchem miserablen Genmaterial, sondern daran, dass Deutschland weniger Geld für Bildung ausgibt als die meisten anderen Länder, die einen auf Demokratie und Marktwirtschaft machen, die sogenannten OECD-Staaten. Wir sind der Bildungs-Discounter, die Fastfood-Intelligenz, wir sind McDoof.

Fachkräfte klingt ja nur toll. Eigentlich geht es um Menschen, die für schlechtes Geld gute Arbeit machen sollen.

Da sagen Arbeitgeber immer öfter: „Interessant! Wo finde ich die? Die kann ich mir ja nicht backen!" Doch, kann man. Die Asklepios-Kliniken machen das zum Beispiel. Die schulen seit Jahren auf den Philippinen OP- und Intensiv-Pfleger. Die kriegen da sogar Sprachkurse. Vermutlich nicht für Deutsch, sondern für Medizinisch. Damit sie die Ärzte verstehen und nicht die Patienten. Um Gotteswillen.

Und der Geschäftsführer dieser privaten Kliniken beschwert sich regelmäßig öffentlich, dass die deutsche Botschaft in Manila Monate braucht, bis diese Leute bei uns einreisen dürfen. Deswegen müssen hier angeblich sogar Operationen verschoben werden. Kann ich mir genau vorstellen, wie der Chefarzt sagt: „Öhm, die neue Niere wäre jetzt da, aber es fehlt noch das Visum für den Typen, der sie mir anreichen soll!"

Alles wegen der deutschen Botschaft. Nicht, weil die Asklepios-Klinken sich weigern, so viel Lohn zu zahlen, dass der Job für Deutsche attraktiv wäre. Deutsche Pflegekräfte, die nicht zum Mindestlohn intensiv malochen wollen, die müssen halt schauen, wo sie bleiben. Zur Not können sie ja von Hartz IV in Saus und Braus leben. Klar – wenn sie auf die Philippinen ziehen!

Es mangelt oft nicht an Fachkräften, sondern an Anstand. Und an Fachkräften in der Politik, die entweder diesen Bullshit durchschauen, oder sich wenigstens weigern, ihn zu verbreiten. Vielleicht sollten wir auch neue Politiker auf den Philippinen ausbilden lassen. So gesehen war das mit Philipp Rösler vor ein paar Jahren schon mal ein Schritt in die richtige Richtung.

Rösler, den werden Sie wahrscheinlich gar nicht mehr kennen. Der war mal Minister, heute sitzt er in diversen Aufsichtsräten und hat vorher schon regelmäßig verkündet, dass er mit 45 Jahren sowieso aus der Politik aussteigen will. Das kam mir immer vor wie ein Sanitäter, der mit dem Defibrillator in der Hand sagt: „Ich hoffe, es dauert nicht so lange, weil, ich hab' noch einen Termin!"

Rösler war der erste deutsche Minister mit Migrationshintergrund. Aber halb so wild. Das war natürlich Integration, wie auch die AfD sie sich wünscht, wenn einer im Alter von 9 Monaten sagt: „Ja, ich lass' mich von einem katholischen Berufssoldaten adoptieren!" Aber ich schweife ab.

Politiker auf den Philippinen ausbilden lassen? Einen Versuch wäre es wert. Denkt man spontan. Aber das ist natürlich Bullshit, ich weiß. Effektvoll, reizvoll, doof.

HÖPPFFFFBURRRRRRRK

Bullshit ist oft sehr attraktiv, weil er auf Show-Effekte setzt. Bullshit ist laut und prall, also wie irgendetwas zwischen Rammstein und Hüpfburg. Wenn es da überhaupt einen Unterschied gibt. Denken Sie einfach an eine unglaublich laute, brennende Hüpfburg, oder besser „Höppffffborrrrrrck!"

Bullshit sieht jedenfalls immer super aus. Im Grunde besser als die Wahrheit. Und meistens sogar besser als eine Lüge. Lügen sind ja oft akkurat konstruiert und dann ein bisschen ausimprovisiert. Ich sag' immer: Lügen sind wie Jazz. Also nix Wildes, mehr so Jazz, den

Sozialkundelehrer beim Frühschoppen hören. Dixie. Während sie Pfeife rauchen und ihre Herrenhandtasche auftragen. Sie haben das Bild? Das tut mir leid!

Lügen sind Jazz, und Bullshit ist Heavy Metal mit Pyrotechnik. Am Ende bist du taub und blind, aber hast was bekommen für dein Geld. Während man nach dem Sozialkundelehrer-Jazz immer nur denkt: „Ja. Und was essen wir jetzt zu Mittag?"

Die AfD hat diese krachige Bullshit-Methode als erste in Deutschland auf Trump'sches Niveau gehoben. Als gezielte Strategie. Unter anderem zur Ablenkung von ihren demokratie- und verfassungsfeindlichen Absichten. Und von Björn Höcke. Den werden Sie wahrscheinlich gar nicht mehr kennen, das war so ein thüringisches Rechtsbratwürstchen, eine Arte Westentaschen-Göbbels. Der immer auf eine semi-masturbative Weise von seinem eigenen völkischen Pathos ergriffen war. Bei jeder Rede, die er hielt, dachte er mit Tränen im Augenwinkel: „Ich klinge nicht wie Göbbels! Göbbels hat immer nur wie ich geklungen!"

Immer, wenn der mal wieder zu sehr öffentlich gehetzt hat, kam beispielsweise Gauland mit irgendeinem Bullshit zur Ablenkung an, einem Aufreger, der so viele Reflexe ausgelöst hat, dass Höcke wieder kurz aus dem Fokus geriet. Gauland, der meint, wir müssten *stolz sein auf die Leistungen der deutschen Soldaten im ersten und zweiten Weltkrieg"*. Als der vom Wickeltisch gefallen ist, muss er genau auf einem Packen Landser-Hefte gelandet sein.

Gauland oder Höcke oder Beatrix von Storch – das ist ein Personal, also, die hätten doch im Führerbunker nahtlos in die Einrichtung gepasst. Da hätte sich selbst der Hitler regelmäßig erschrocken, wenn die von Storch aus der Tapete hervorgetreten wäre. Ihr Opa war übrigens Finanzminister unter Hitler. Die versucht praktisch nur, den Familienbetrieb weiterzuführen. Die AfD ist natürlich keine reinrassige Nazipartei. Das zu behaupten wäre Bullshit, der vom intellektuellen Background der Partei ablenkt. Das ist einfach *nur* eine völkische, neoliberal-nationalkonservative Partei, die zurück will in die Zeiten, als der Deutsche noch deutsch, die Familie noch eine Familie, und die Erde noch eine Scheibe war.

Wenn man die Wahlprogramme der AfD liest, dann ist deren Weltbild schnell klar: Wir brauchen weniger Fremde, aber dafür mehr Schulsport. Wir brauchen kein Tempolimit, aber dafür Bürgerwehren. Wir brauchen weniger erneuerbare Energien, aber mehr Nationalstolz. So wild sind diese Forderungen nicht, das ist im Grunde vom Bullshit-Faktor her auch nur eine Art Seehofer light. Ach so: Und weil der Klimawandel nicht menschengemacht ist, muss der Mensch auch nichts dagegen tun. Soll sich doch die Natur drum kümmern. Diese verweichlichte Schlampe! Die soll sich doch einfach mal zusammenreißen! Fürs Vaterland!

Noch unheimlicher als dieses Weltbild finde ich allerdings, dass sie damit eigentlich nur das umsetzen, was die intellektuellen Rechten seit Jahren vorgedacht haben. Ich weiß, intellektuelle Rechte klingt ein bisschen paradox, wie ein Pitbull-Streichelzoo.

Aber es gibt sie. Solche Leute schreiben in Zeitungen wie der „Jungen Freiheit" oder online bei der „Sezession". Einer von diesen Vordenkern ist Götz Kubitschek. Alter deutscher Name … Der ist als Oberstleutnant der Reserve bei der Bundeswehr rausgeflogen, weil er zu rechts war. Das muss man erst mal schaffen!

Heute lebt er auf dem Rittergut Schnellroda in Sachsen-Anhalt. Seine 7 Kinder tragen Namen wie Brunhilde oder Undine. Ich möchte nicht wissen, wie der Schäferhund heißt. Irgendwo habe ich auch noch gelesen, dass er zu Hause Ziegen melkt und seine Frau siezt. Gut, besser als umgekehrt.

Klingt wie ein Altnazi, dabei ist der Mann zwei Jahre jünger als ich. Der müsste mich wahrscheinlich sogar siezen. Darauf würde ich in diesem Falle sogar auch bestehen.

Der sagt jedenfalls: *„Jeder, der nicht rechts ist, ist ein unrealistischer Traumtänzer."* Du kannst jahrelang total linksalternativ am Prenzlauer Berg Latte Macchiato mit Sojamilch saufen und Che Guevara lesen – spätestens, wenn deine Kinder eingeschult werden, erwischt es dich! Und dann mutierst du, dann bricht das Konservative aus dir heraus wie in „Alien"! Und plötzlich ziehst du eben doch los und suchst nach einer, sagen wir mal, Grundschule mit verbindlichem Ariernachweis.

Kubitschek ist auch der Erfinder der „Selbstverharmlosung", einer von ihm präzise ausformulierten Strategie auf dem Weg zur Macht. Einfach gesagt, ist es das Prinzip „Wolf im Schafspelz". Der Schafspelz ist Gaulands leicht angetrottelte Dackelkrawatte. Und in der Wolfsschanze sitzen Kubitschek, Gauland und Kalbitz. Die fressen Kreide, bis sie das Land übernehmen.

Der Kubitschek hat mal definiert: *„Rechts sein heißt, den Menschen hinzunehmen in seiner ganzen Beschränktheit. Und doch zu bewundern für seine grandiosen Anlagen."* Einfach gesagt: Realistisch betrachtet ist der Mensch ein Arschloch, also seien wir doch Mensch!
Kein Wunder, dass es Wahlplakate gab, auf denen stand: *„Realisten wählen AfD"*. Klar. Und Pyromanen wählen die 112.

Diese Realisten mit angeschlossenem Rittergut sind gemeingefährlich. Um die müssten wir uns viel mehr kümmern, diese durchgeknallten völkischen Operettenfiguren! Diese Möchtegern-Herrenmenschen mit Gewaltphantasien und Zugang zu Deppen, die diese dann ausführen. Abgesehen davon: Wenn die Menschheit nur aus Realisten bestünde, wären wir schon längst ausgestorben.

DAS ABENDLAND

Mit Pauken und Trompeten, mit wehenden Fahnen
Mit Zeter und mit Mordio, und einem letzten Schrei
So geht es dann zu Ende, so ist das Abendland
Eine kleine Drama-Queen, mit riesigem Bohei

Auch die Blöden und die Doofen
schwören plötzlich auf Beethoven
Und loben immer schriller ihren Goethe oder Schiller
Haben spontan Werte, oder dichten sie sich an
Und nur die letzten Denker werden dabei immer stiller

Das Abendland geht wieder einmal unter
Dabei hat es schon so viel weggesteckt
Fürs Abendland stellt sich die große Frage:
Kann es was, oder kann es weg?
Das Abendland geht wieder einmal unter
Vielleicht ist es auch nur ein Klotz am Bein
Vielleicht ist es ein alter Sack mit Plunder
Wenn nicht, dann muss es souveräner sein.

Die einen, die verbittern, während andere nur zittern
Und über alles legt sich die reinste Hysterie
Guter Rat ist teuer, also machen wir es billig
Wir würden uns beherrschen,
wenn wir nur wüssten, wie

Es salbadern die Experten, es glüh'n die Demoskopen
Es biegen sich die Balken, und es rieselt Stuck
Das Abendland ist willig, aber schwach ist unser Geist
Wir wackeln wie ein Pudding,
selbst beim allerkleinsten Ruck

Das Abendland geht wieder einmal unter …

Wir aßen Fleisch und waren Christen,
statt veganer Salafisten
Männer waren Kerls, und keine Feministen
So klagen die bedrohten Abendlandidioten
Die fernab der Weltoffenheit ihr karges Dasein fristen.

GESUNDHEIT

Die ganze Bullshit-Pyrotechnik lenkt wunderbar ab. Da gibt es herrliche Knalleffekte wie die Bedrohung durch den Russen, den Islamisten oder gar den Fachkräftemangel! Da müssen wir zwanghaft hinschauen, sonst würden wir ja merken, wer der eigentliche Feind ist. Der sitzt im Inneren. Vielleicht sogar in *der* Inneren. Im Krankenhaus. Da gibt es mittlerweile resistente Keime, die knipsen hier jedes Jahr tausende Menschen aus. Das ist ein Killer. Nix Russenpeitsche, das ist die Keimpeitsche. Das ist der wahre Terror! Fundamentale Keime. Die brauchen nicht mit dem Lastwagen in den Weihnachtsmarkt zu brettern, das machen die das ganze Jahr über quasi zu Fuß.

Aber was erzähl *ich* Ihnen das? Das müsste Ihnen eigentlich Jens Spahn erklären. Aber das wäre ja sein Ressort. Soweit kommt's noch.

Kranksein wird immer gefährlicher. Auch, weil in den Krankenhäusern die Personaldecke inzwischen so dünn gefachkräftemangelt worden ist. Das ist maximal ein Personal-Läppchen. Ein Häutchen. Und da ist die Unschuld auch schon lange im Eimer. Deswegen sind die so überlastet, dass sie Hygiene eigentlich nur noch nebenher betreiben können, quasi als Hobby. Es gibt Burger-King-Filialen, die keimfreier sind.

Vielleicht sollte man öfter mal dort operieren. Im Drive-in. Ganz unkompliziert. „Einmal das Menü mit der Bandscheibe, aber bitte ohne die Gürkchen." Und die Burger sollte man im Krankenhaus belegen, *das* können die, die haben ja sogar einen Belegungsplan!

Personal fehlt auch in der Pflege. Die sind teilweise so schwach besetzt, da kann es nicht mehr lange dauern, bis in der Nachtschicht die ersten Patienten aus dem Bett fallen, nur, weil sie helfen wollten.

Und da kam doch tatsächlich Jens Spahn und hat im Ernst erklärt, die Probleme in der Pflege seien lösbar, wenn das Personal da einfach in der Woche 3 – 4 Stunden mehr arbeiten würde. Das überlastete Personal, das nicht auf dem Zahnfleisch geht, sondern im Grunde auf den Innenseiten seiner Zahnfleischtaschen voranrobbt.

Die haben dann gesagt: „Gerne doch! Aber nur, wenn wir in den 3 – 4 Stunden so eine kleine Jens-Spahn-Voodoo-Puppe bekommen ..."

Und der ganze Schlamassel kommt daher, dass in den Neunzigern beschlossen wurde, dass mit Krankenhäusern und Pflegeheimen mehr Geld zu verdienen sein muss. Neunziger, kennste, kennste? Wobei man ja sagt, dass, wer sich an die Neunziger noch erinnern kann, nicht wirklich dabei gewesen ist. Die Neunziger, das war das, wo die Investment-Banker alle auf Koks waren, und die Politiker auf dem Privatisierungstrip. Was ist der Unterschied? Gibt keinen. Gut, vom Koks kommt man vielleicht einfacher wieder runter.

Die entscheidenden Weichen wurden übrigens schon 1992 gestellt. Und kurz danach haben sie auch noch die Vermögenssteuer abgeschafft. Bingo! Na, dann kann ich mir ja vorstellen, was für Geld da jetzt fehlt ...

Diese Steuer musste weg, weil Vermögen, das ist sehr persönlich, das sind, wie der Engländer sagt, die „private parts", das ist die monetäre Intimsphäre. Wer da unbedingt draufgucken will, ist ein Spanner. Igitt und Bäh, Vomitting & Diorrhea.

Und ruckzuck fehlten dem Staat mit der Vermögenssteuer etliche Milliarden. Und er konnte nur noch überlegen, was er zuerst verlottern lässt: Die Schulen, die Straßen, die Krankenhäuser oder das Großkapital. Eines davon ist ein Scherz.

Und schon konnte man sagen: „Schau, die öffentlichen Träger lassen ihre Krankenhäuser verkommen! Die haben es einfach nicht drauf!" Und die öffentlichen Träger haben gesagt: „So macht das keinen Spaß mehr, lasst uns den Scheiß verscherbeln!" Eine klassische lose-lose-Situation, auf Deutsch: Schlimmer geht immer.

Aber wie verdient man eigentlich mit einem Krankenhaus Geld? Einfach gesagt, bezahlen die Kassen ja nur genau das, was dem Aufwand der jeweiligen medizinischen Leistung entspricht. Die sagen ja nicht gönnerisch: „Einmal Kniescheibe raus kostet 5.000 Euro, aber da legen wir noch 'nen Hunni drauf, damit ihr auch Gewinn macht und mal schön essen gehen könnt!"
Da bleibt im Grunde nix hängen. Mindestens 60 % der Krankenhauskosten entstehen durch Personal. Und jetzt

raten Sie mal, wo man sparen könnte, wenn man Gewinn machen will: a) am Personal, oder b) an der Seife? Natürlich c): an beidem!

Hunderte Millionen Gewinn machen die privaten Krankenhauskonzerne im Jahr. Hunderte Millionen, die fehlen. So einfach ist das. Dem Personal aus den Rippen geschnitten und den Patienten aus der Lebenserwartung. Und das alles dann noch als Fachkräftemangel verkauft.

Im Pflegebereich steigen jetzt immer öfter reine Finanzunternehmen als Investor ein. Die sagen: „Wir können zwar nicht mit Menschen umgehen, aber mit Geld. Und Geld ist wichtig. Denn Menschlichkeit muss man sich ja erst einmal leisten können."

Dass kranke und alte Menschen ein Anlageobjekt sein sollten, auf so eine Idee können nur Leute kommen, die sich selbst für unverwundbar halten. Und die nicht an Voodoo glauben.
Das sind Privatisierungs-Junkies, die so viel Bullshit im Blut haben, dass sie denken, sie können fliegen. Dabei fliegen sie nicht, sondern lassen andere Menschen fallen. Das ist ein Unterschied.

DIE LÜGE

Unterschiede sind wichtig, erst recht in dieser komplizierten Welt. Man muss ja genau genommen sogar den Bullshit von der klassischen Lüge unterscheiden. Die echte Lüge hat immer mit der Wahrheit zu tun.

Ich will sie jetzt nicht zu sehr verteidigen, aber: Zwischen der Lüge und der Wahrheit gibt es eine direkte Verbindung. Zwischen diesen beiden Polen, und damit meine ich jetzt nicht Lolek und Bolek (kleine Kulturreferenz für Leser über 40. Kann man auch mal machen; die Jüngeren können ja googeln, weil sie beim Lesen dieser E-Books sowieso die andere Hand am Smartphone haben).

Also: Zwischen Wahrheit und Lüge, das ist eine Achse, an der man sich entlangtasten kann, wenn man nicht mehr weiß, wo man ist. Zwischen diesen beiden Enden kann man sich hin- und herbewegen und versuchen, herauszufinden, was was ist. Wenigstens diese Chance hast du.

Bullshit dagegen ist eine Wolke ohne jeden Bezug zu irgendetwas. Wie wenn du im Wald wandern bist, und dann kommt der Nebel. Wenn du da rein gerätst, verlierst du jede Orientierung, und alle Wege führen hinter die Fichte.

Eine klassische deutsche Bullshit-Geschichte ist ja die von Hänsel und Gretel. Eine sehr moderne Geschichte, denn die Eltern sind: pädagogisch überfordert. So sehr, dass sie beschließen, die Kinder im Wald auszusetzen. Wahrscheinlich, um trotzdem weiterhin Kindergeld zu beziehen, man kennt das ja.

Die Kinder aber sind pfiffig und haben eine Spur aus Brotkrumen gelegt, die ihnen den Weg zurück gezeigt hätte, wenn nicht ein paar Krähen vom Jugendamt die Brotkrumen irrtümlich aufgefressen hätten. Es gibt so Tage.

Eine Lüge wäre es jetzt gewesen, wenn die Hexe eine neue Brotkrumenspur gelegt hätte, die direkt zu *ihrer* Hütte geführt hätte. Aber nein, sie hat sich bewusst für Bullshit entschieden. Ich meine: Ein Lebkuchenhaus! Was für ein Blödsinn! Aber die Kids stehen halt drauf. Die vergessen glatt, dass sie eigentlich nach Hause wollten, um zu gucken, wie Mama und Papa so klarkommen mit dem Kindergeld.

Ja, optisch ist ein Lebkuchenhaus eine gute Show. Und lenkt wunderbar ab. Davon, dass die Hexe sehr gruselig und hungrig aussieht. Dass sie ein Tattoo am Arm hat mit dem Spruch „Ich mag Kinder, wenn sie knusprig sind". Und dass irgendwer auf die Tafel mit der Tagesempfehlung schwungvoll mit Kreide „Hänsel" geschrieben hat.

Aber wenn man näher darüber nachdenkt, ist ein Lebkuchenhaus natürlich Bullshit. Da muss es doch nur einmal richtig regnen, und dann ist da nur noch ein Haufen Matsch mit Zuckerguss. Oder auch allein von den Dämmwerten her! So eine Hütte kriegst du doch nie warm, nur mit diesem einen alten Ofen!

Aber das sind Details. Und Bullshit ist desinteressiert an Details. Der Bullshitter sagt: „Die Flüchtlinge bekommen mehr Geld als unsere Rentner." Du sagst: „Interessant, nenn mal Zahlen." Und dann kommt als Antwort: nix. Oder höchstens etwas zwischen 33 und 45.

Dagegen steckt in der Lüge deutlich mehr Liebe zum Detail. Handwerklich ist sie wesentlich interessanter. Es gibt ja sehr verschiedene Arten der Lüge. Nehmen wir als Beispiel mal die klassische Situation mit dem Liebhaber im Kleiderschrank. Eine Notlüge wäre, wenn die Frau ihrem Gatten sagen würde: „Das ist der Schreiner. Der guckt nach der quietschenden Schranktür. Und er ist nackt, weil ihm beim Arbeiten im geschlossenen Schrank so warm geworden ist."

Es gibt auch die sogenannte soziale Lüge, die soll dafür sorgen, dass sich alle wohl fühlen. Das wäre dann so etwas wie: „Schatz, das ist der Herr von der Caritas-Kleidersammlung. Er war so gerührt über die schönen Klamotten, die wir spenden wollen – da hat er seine eigenen gleich mit draufgelegt."

Und es gibt die vorsätzliche Lüge, die dient vor allem dem eigenen Vorteil. Das wäre dann: „Schatz, da hat sich ein Perverser in meinem Kleiderschrank ausgetobt! Diese Sachen kann ich unmöglich noch mal anziehen, lass uns shoppen gehen!"

Bullshit wäre es, wenn sie einfach brutal ablenken und sagen würde: „Mal was anderes: Wenn du dich das nächste Mal ausziehst, wär' es mir auch am liebsten, du tätest das im Schrank!"

Machen wir uns nichts vor, auch im Theater wird viel gelogen. Zum Beispiel, wenn am Ende des Abends der Künstler sagt: *„Sie waren ein wunderbares Publikum!"* Das kann eine soziale Lüge sein. Wenn einen das Mitleid mit dem Publikum gepackt hat. Das sollte man natürlich nie haben, aber manchmal überkommt es dich einfach. So nach dem Motto: „Ich weiß, Sie haben hier nix zu lachen, und von meinen Kollegen kommt auch schon lange keiner mehr her, aber im Grunde waren Sie doch ein wunderbares Publikum ...!"

Das gibt es übrigens auch als sogenannte pathologische Lüge, die kommt oft von krankhaften Narzissten. Diese Kollegen sagen das mit dem wunderbaren Publikum schon beim Soundcheck zur Putzfrau. Und denken dabei: „Geil, ich hab ´ Groupies, die auch noch saubermachen!"

Die klassische soziale Lüge gibt es daheim auch oft, wenn sie ihn fragt, was er gerade denkt. Und die Antwort lautet ja bekanntlich: „Nichts." Das ist natürlich gelogen. Das wussten Sie hoffentlich? Nein? Kein Mann denkt nichts, das geht gar nicht. Er sagt vielleicht „nichts", aber denkt dabei Sachen, die emotionaler und tiefschürfender sind, als Sie sich vorstellen können. Zum Beispiel etwa das Folgende.

RASENMÄHERROBOTER

Das Glück ist eine Wiese
Und so muss man es auch pflegen
Säen, düngen, wässern
Trocknen, föhnen, legen
Man braucht einen grünen Daumen,
Dann wird alles immer schöner
Hast du dafür gar kein Händchen,
gibt es Hilfe von Gardena

Könntest du nicht, das wäre fein,
ein bisschen mehr wie mein Rasenmäherroboter sein?
Alles lief rund und täte uns gut
Du würdest dich verhalten
wie´s mein Rasenmäherroboter tut!
Nicht zu kompliziert, denn ich bin ein Mann
Schau dir einfach mal meinen Rasenmäherroboter an.
Und dann könntest du doch, sag bitte nicht nein,
ein bisschen mehr wie mein Rasenmäherroboter sein!

Nur ein leises Surren,
Mehr ist nicht zu hören
Er ist fleißig und genügsam,
Ohne groß zu stören
Die Nachbarn werden neidisch
und tuscheln in den Gärten,
um diese glückliche Beziehung im Detail zu bewerten

Könntest du nicht, das wäre fein,
ein bisschen mehr wie mein Rasenmäherroboter sein?

Er kennt seine Grenzen und ist drauf geeicht
Das ist die Freiheit,
die meinem Rasenmäherroboter reicht
Er fährt hin und her und auch mal im Kreis
Was er nicht kennt,
macht keinen Rasenmäherroboter heiß
Ach, könntest du doch, sag bitte nicht nein,
ein bisschen mehr wie mein Rasenmäherroboter sein!

Er zieht seine Bahnen
Und ich liege auf der Liege
Er ist so beständig und treu,
dass ich Gänsehaut kriege
Und geht der Akku zur Neige
dann bekommt er keine Krise
Dann verlässt er zum Laden diskret uns're Wiese

Könntest du nicht, das wäre fein,
ein bisschen mehr wie mein Rasenmäherroboter sein?
Das wär' mein Traum, und dann hättest du glatt
das gewisse Etwas, das mein Rasenmäherroboter hat!
Er: leise und fleißig, statt nervig und schrill
Ein zufriedenes Herrchen ist, was der Roboter will
Ach, könntest du doch, sag bitte nicht nein,
ein bisschen mehr wie mein Rasenmäherroboter sein!

DIE WAHRHEIT

Dagegen klingt ein gelogenes „Nichts" doch fast besser, oder? Aber es ist halt nicht die Wahrheit, entspricht nicht der Wirklichkeit. Das sind natürlich große und schwierige Begriffe. Im Grunde kennen wir die Wirklichkeit ja auch nur vom Hörensagen, wir kennen ja genaugenommen nur das, was unsere Sinne uns darüber erzählen. Und was das Hirn sich dazu denkt. Und so ein Hirn denkt sich viel, wenn der Tag lang ist und man ein Gehirn hat. Das ist dann ungefähr so seriös wie die Märchen aus 1001 Nacht. Die Wirklichkeit ist komplex wie, sagen wir mal, „Faust Teil II", aber unsere Sinne sind dagegen auf dem Niveau von „Mission Impossible 6".

Will sagen: Die Wahrheit gibt es, aber wir kommen nicht dran. Die Wahrheit ist der Puff, und wir sind der Eunuch, der davorsteht. Manche geben dann auf und beschließen: „Bevor ich nur davor steh', hör ich doch lieber auf, scharf auf die Wahrheit zu sein." Die werden dann erkenntnis-theoretisch asexuell. Bei denen regt sich nix mehr.
Die wollen nur noch in Frieden kuscheln und aussterben und fertig. Die würden sich im Wald auf den Boden setzen und sagen: „Ich warte jetzt hier, bis der Nebel sich verzieht, oder irgendeine Hexe kommt und mir ihren Ofen von innen zeigt." Kapitulation. Und schon regiert der Bullshit. Und bringt alles durcheinander.

KAPUTT

Was hat der Bullshit nicht schon alles kaputtgemacht! Selbst das schöne Wörtchen „sozial" hat er mittlerweile zerstört. Soziale Marktwirtschaft, das hieß doch früher einmal: Einen Ausgleich schaffen zwischen den verschiedenen Schichten und Klassen. Heute verstehen viele unter „sozial" nur noch, dass die, die Glück und Kraft und Erfolg haben, auch die Chance haben müssen, ordentlich runtergucken zu können auf die anderen.

Das hat die späte Andrea Nahles dann mal *„die Perspektive der tüchtigen Mitte"* genannt. Und sich noch gewundert, warum ihre Umfragewerte sich den Feinstaubwerten angenähert haben.

Sozial ist doch heute, wenn die, die nix haben und können, das auch deutlich zu spüren bekommen. Weil sonst unsere Leistungsträger die Krise bekämen. Denen bräche quasi ein sozialer Zacken aus der Krone. Unsere Leistungsträger sind zimperlich. Die haben das Ego einer depressiven Nacktschnecke. Auf Streusalz. Und Kräuterbutter.

Achtung: Leistungsträger sind natürlich so gesehen nur die, die ein gutes Gehalt haben. Also keine Pflegekräfte oder Regaleinräumer. Die leisten nix, die schwitzen nur bei der Arbeit. Das ist etwas völlig anderes.

Der Begriff „Leistungsträger" ist selbstverständlich auch Bullshit. Ich glaube, im Grunde gibt es nur Menschen, keine Leistungsträger. Wenn es was gibt, dann höchstens Links- oder Rechtsträger. Darauf könnte ich mich vielleicht noch einlassen.

Das Soziale ist heute mehr und mehr Privatsache. Wie das Vermögen. Wenn du gesellschaftlich abgehängt bist, ist das einfach Pech. Dein individuelles Pech. Das musst du auch der Gesellschaft nicht ständig unter die Nase reiben, das ist nur schlecht für das BIP und die Stimmung.

Vielleicht hast du auch einfach die falschen Gene. Das wird ja alles immer öfter biologisch erklärt. Vielleicht hast du zwei X-Chromosomen, dann kannst du keine Führungskraft werden, dann musst du Schuhe kaufen, denn dann bist du eine Frau.

Vielleicht hast du dunkle Haut. Ganz schlecht. Dann bist du arbeitsscheu und fortpflanzungsfixiert und Roberto Blanco.

Das zählt heute gar nicht mehr als Rassismus, das ist bloß salontauglicher Sarrazynismus. Da im Salon wird jetzt wieder mit Blut und Abstammung argumentiert. Dieser unangenehmen Mischung aus Verwandtschaft und Hausschlachtung. Ich sag mal so: Wer unbedingt über Blut diskutieren will, der sollte dringend zu seinem Hausarzt gehen, aber mich damit in Ruhe lassen.

Die größten sozialen Fragen unserer Zeit sind doch nur noch: „Wo muss dringend eine Mauer errichtet werden?" Und „Wo tut es vielleicht auch ein hoher Zaun?"

Die Antwort auf die sozialen Verwerfungen der Gegenwart lautet doch immer öfter: „Wir müssen leider draußen bleiben!" Also, „wir" im Sinne von „die anderen"! Und so kommt das mit diesem ganzen America first, Europa first, Deutschland first. Mittelstand first. Kabarett first! Firstfirstfirst! Es geht nur noch darum, dass *wir* uns wohlfühlen. Es geht nur noch um gesellschaftliche Selbstbefriedigung.

Das hat die marktkonforme Demokratie aus uns gemacht: Wichser. Oder wie es der Politikwissenschaftler etwas seriöser nennt: Populisten und ihre Anhänger.

Wir schotten uns ab, wir machen die Vorhänge und Türen dicht und lassen uns nur noch von uns selbst berühren. Denn wir sind ja leider nur Menschen. Mehr können wir nicht. Oder wie der Volksmund sagt: „Ja, bin ich denn Jesus?"

DIE AUßERIRDISCHEN

Aber wie sieht denn das aus? Was sollen denn die anderen denken, zum Beispiel die Außerirdischen? Alles, was wir von uns geben, geht doch ungefiltert raus bis in den letzten Winkel des Weltalls. Daran denkt keiner. Was passiert denn dann? Entweder kriegen die Außerirdischen Mitleid und lassen uns einschläfern. Aber das wäre ja fast human. Das kannst du beim Alien normalerweise nicht voraussetzen. Oder sie sprengen dann halt doch die Erde für diese lang geplante intergalaktische Umgehungsstraße …

Ich meine, wie stehen wir denn da vor den Außerirdischen? Wie so ein Ameisenhaufen mit ADHS. Der liebe Gott, der ist auch irgendwo da oben, aber der kann das einordnen. Der kann damit umgehen, der ist da locker. Das letzte Mal, dass der uns ernst genommen hat, war bei dieser Sache mit seinem Sohn. Die ist bekanntlich schiefgegangen, und seitdem haben wir Karfreitag frei. Und wenn man heute den lieben Gott auf uns anspricht, sagt er: „Das war 'ne Jugendsünde. Ich war jung und brauchte die Schöpfung."

Aber die Aliens, die halten uns doch für intellektuellen Weltraumschrott. Die packen uns in den gelben Sack und stellen uns irgendwo vorm Pferdekopfnebel an den Straßenrand. Das können wir doch nicht riskieren!

ABGELENKT

Der Bullshit ist gefährlich, weil er uns ablenkt und beschäftigt. Bullshit hält uns alle raus aus den wirklich wichtigen Diskussionen. Wir reden ja immer über die falschen Sachen, immer knapp daneben.

Ich finde beispielsweise, wir sollten doch vielmehr über Umgangsformen reden als über Nationalitäten. Als die Essener Tafel mal gesagt hat, sie nimmt keine Kunden ohne deutschen Pass mehr auf, weil angeblich Asylbewerber in der Warteschlange Rentner angepöbelt haben, da dachte ich nur: Vergesst doch den Pass! Schmeißt doch einfach die raus, die sich nicht benehmen. Das können auch mal deutsche Rentner sein.

Wir sollten über gesellschaftlichen Zusammenhalt reden, statt über so ein Pseudothema wie Handy-Funklöcher. Das war ja das große Ding für den Verkehrsminister Scheuer. Wahrscheinlich, weil er gerade mal wieder von irgendetwas ablenken wollte. Handy-Funklöcher waren für ihn *die* Aufgabe. Die wollte er heldenhaft ausmerzen. Er hat sogar öffentlich gefordert, dass eine App entwickelt werden soll, mit der die Bürger Funklöcher melden können. Mit dem Handy. Quasi live aus dem Funkloch heraus. Entweder hat der Scheuer einen Humor, der mir gefällt, oder er hat intellektuell einen extrem schwachen Empfang. Das sind maximal zwei Balken!

Handy-Funklöcher sind doch kein Geheimnis, die Mobilfunkanbieter kennen doch ihre Lücken, die sind genau kartografiert, das ist ja nicht das Bernsteinzimmer!

Abgesehen davon findet man Funklöcher auch ganz einfach: Du gehst mit deinen Kindern spazieren. Da, wo du ihnen zum ersten Mal wieder ins Gesicht schauen kannst – da ist ein Funkloch.

Wir könnten darüber reden, dass zu viele Menschen keine Chance haben. Statt darüber, dass die Deutschen zu wenig Aktien haben. Das ist ja das große Herzensthema von Friedrich Merz – den werden Sie wahrscheinlich gar nicht mehr kennen. Das war so ein CDU-Parlamentarier, der karrieretechnisch noch ein paar Rechnungen mit Angela Merkel offen hatte und sich dann aber erst einmal 15 Jahre von der freien Wirtschaft darüber hinwegtrösten ließ.

Das Aktienthema. Das schleppte er an, als er im Herbst 2018 plötzlich wieder aus der politischen Versenkung gehüpft kam. Das wäre von mir aus gar nicht nötig gewesen.
Diese erste Pressekonferenz, die er dazu in Berlin gegeben hat, die werde ich nie vergessen. Das war ein kerniger Auftritt. Das war nicht Mutti-, das war Papa-Style. Das kam so kantig und testosteron-geschwängert rüber, beinahe schon wie eine Art Sauerland-Putin.

Ich dachte sofort: Wenn der mal regiert, das sehe ich direkt vor mir, dann fährt der doch jeden Morgen mit dem Speedboat und nacktem Oberkörper direkt über die Spree zur Arbeit. Das kann ich mir bei AKK gar nicht vorstellen. Ach so, AKK, das war Annegret Kramp-Karrenbauer, die werden Sie wahrscheinlich gar nicht mehr kennen. Und das ist auch gut so.

Das mit den wenigen Aktien stimmt, das sind nicht viele; nur 6 % der Deutschen haben Wertpapiere. Mehr als doppelt so viele haben Fußpilz. Nur, um das mal einzuordnen. Wobei mir die Fußpilzleute fast sympathischer sind, denn deren Elend muss ich mir nicht jeden Abend vor der Tagesschau ansehen ...

Merz hat für die Vermögensverwaltung Blackrock und die Privatbank HSBC Trinkhaus gearbeitet. Gegen beide wird wegen dieser Cum-Ex-Betrügereien ermittelt, die den deutschen Steuerzahler mehr als 30 Milliarden Euro gekostet haben. Und er ist Anwalt bei der Kanzlei Mayer Brown, die gezielt Cum-Ex-Betrügern juristische Hilfe anbietet. Für die arbeitet er, das sind seine Leute, das ist sein Background. Fast könnte man sagen: Der Merz kennt so viele Drecksäcke – das wäre mal ein Kanzler, vor dem Donald Trump Respekt hätte!

Klingt einleuchtend, ist eine ordentliche Pointe, aber ist natürlich Bullshit! Verführerisch. Aber: Wir dürfen uns von diesem ganzen Bullshit nicht ablenken lassen! Das ist die Grütze, die uns so das Hirn verkleistert, dass irgendwann die Lügner mit ihren Lügen durchkommen.

Selbst, wenn du dich für unglaublich reflektiert hältst, bist du dem ganzen Bullshit ja ausgesetzt. Du lebst in einer vergifteten Atmosphäre und kannst ja nicht nur die Luft anhalten. Bullshit wirkt immer, dem ist dein IQ erst mal so egal wie der Stinkbombe dein Doktortitel. Es ist auch ein bisschen wie im Zombiefilm. Da erwischt es selbst einen Besserwisser wie mich spätestens als Dritten. Direkt nach dem Schwarzen und der Blondine.

Der Bullshit prägt uns. Und man gewöhnt sich an ihn. Der Mensch ist ja im Kosmos dafür gefürchtet, dass er sich an alles gewöhnen kann. Wir haben uns an Chemie im Essen gewöhnt, an einen Rekordsommer nach dem anderen, an Getränke mit püriertem Salat und an die AfD. Wir haben uns daran gewöhnt, dass der Postmann keine Post mehr bringt, sondern den Einkauf. Dass sie beim Bau des Berliner Flughafens jeden Tag von vorne anfangen. Dass unser alter Diesel jetzt durch Afrika fährt, weil die es da nicht so mit der Umwelt haben. Und dass es Bier gibt, das keinen Alkohol enthält, aber trotzdem „fun" heißt.

Wir haben uns ja jetzt schon an so viel Bullshit gewöhnt! Wir haben so ein dickes Fell, eines Morgens schauen wir in den Spiegel und haben auch noch Hörner. Man sagt da draußen über uns: „Der Mensch wird die einzige Spezies sein, die nach dem Weltuntergang nur mit der Schulter zuckt und meint: ‚Ich weiß nicht, was du hast, geht doch!'"

WAS TUN?

Was können wir gegen Bullshit tun? Das ist die Millionenfrage. Ich sage: Nichts. Jetzt sagen Sie: "Hormuth, du bist ja ein Mann, was meinst du denn, wenn du ,nichts' sagst?" Ok, da haben Sie mich. Ich versuche es:

Ich meine, wir könnten unsere Abwehrkräfte stärken. Und mehr gedankliche Vollwertkost zu uns nehmen. Öfter an die frische Luft gehen. Ventilatoren vermeiden. Sich bewegen, also auch gedanklich. Einen Kompass dabei haben, wenn der Nebel kommt. Pfadfinder werden. Eigene Wege suchen.
Den Bullshit nicht überall rumtragen, die Fußmatte benutzen, wenn man ein Gedankengebäude betritt. Und wenn man es wieder verlässt. Andere nett darauf hinweisen, dass sie nicht voll reintreten. Den Bullshit wegräumen, wegatmen oder weglachen. Bullshitter nicht auf die Party einladen. Und die Bullshit-Profis auflaufen lassen. Kein Witz.
Und natürlich immer aufpassen, dass dir kein Klopapier am Schuh hängt!

Ganz im Ernst finde ich, dass ein geschärftes Bewusstsein für die Strategien des Bullshits schon mal ziemlich hilfreich ist. Man kann sich nicht immer nur fragen „Cui bono?" (lateinisch für „Was hat U2 damit zu tun?"). Spannender ist die Überlegung: „Aha, ich soll abgelenkt werden. Worum geht es also eigentlich?"

Das, worüber *nicht* geredet wird, das ist oft ein wichtiger Wegweiser auf dem Weg zum Durchblick. Probieren Sie es aus, ob bei politischen Nachrichten oder daheim in der Beziehung. Aber beschweren Sie sich dann nicht bei mir, wenn Sie plötzlich wieder Single sind!

MÜLL RAUSBRINGEN

Wir müssten alle viel weniger Bullshit von uns geben. Aber wir denken und reden in immer kürzeren Zyklen. Da soll nichts länger halten. Wer denkt sich heute noch einen Satz aus, den er auch mal seinen Kindern vermachen könnte? Wobei – der war nicht schlecht, oder? Den heb' ich mal auf.

Auch kommunikativ sind wir eine Wegwerfgesellschaft. Das Plastik ist nicht mehr nur in den Weltmeeren; ich befürchte, wir es haben es schon im Hirn. Das fühlt sich alles so leicht und bunt und abwaschbar an.

Bullshit ist nicht nur aus kosmischer Perspektive Müll. Wenn du den in dein Hirn lässt, wächst da nix mehr. Denn Bullshit ist kein Dünger. Dann schaltet dein Hirn in den Trump-Modus. Dann kannst du froh sein, wenn das mit dem aufrechten Gang noch hinhaut, und deine Frau noch Händchenhalten will.

Die Lüge und die Wahrheit, das sind wenigstens Inhalte. Bullshit ist nur noch Verpackungsmüll. Der gehört regelmäßig entsorgt. Jeder kriegt dafür eine leuchtend rote Tonne, und alle 14 Tage wird die geleert. Aber so einfach ist das nicht. Denn der Bullshit ist ja toxisch, das ist im Grunde Sondermüll, den müsste man endlagern, vielleicht irgendwo in einer Höhle unter den Studios von RTL. Das fände ich schön.

Oder vielleicht gelingt es uns eines Tages, diesen Müll zu recyclen! Zum Beispiel als Wand-Tattoo, das sich die Leute dann übers Bett kleben. Aus zwei Bullshits wie dem schon erwähnten Klassiker: „Es gibt kein schlechtes Wetter, nur unpassende Kleidung" und: „Du kannst alles schaffen, wenn du es nur willst", wird dann etwas Neues fürs Schlafzimmer. Vielleicht so etwas wie: „Ich will dich nur in unpassender Kleidung!"

Aus Bullshit kann man bestimmt auch prima Werbeslogans recyclen. *„Wir schaffen das!"* wäre auch ein super Slogan für Slipeinlagen. Und *„So wertvoll wie ein kleines Steak"*, das wäre doch eine spitzenmäßige Kampagne zur Rettung der SPD. Kevin Kühnert ist ja gewissermaßen auch eine Art Fruchtzwerg.

Oder wir machen Musik. Dieser Fußballersatz *„Vom Feeling her hatt ⁻ ich ein gutes Gefühl"*, das wär' doch ein Hit für Helene Fischer!
„Sachen, von denen wir nicht wissen, dass wir sie nicht wissen" könnte auch von Andrea Berg sein.

Schlager ist ja sowieso die allerbeste Entsorgungsvariante. Schlager ist eine hocheffektive Bullshit-Verbrennungsanlage. Das hat was Befreiendes, und vielleicht entsteht sogar Energie dabei. Das ist überhaupt ein prima Test. Wenn man einen Schlager daraus machen könnte, dann ist es wahrscheinlich Bullshit.

Ich habe aus Bullshit mal tatsächlich einen Schlager gebastelt. Der Vorteil davon, dass Sie im Folgenden nur den Text vor sich haben, ist, dass Sie mich dabei nicht tanzen sehen müssen. Aber das soll dennoch auch hier im Buch der Ausklang sein. Wenn Sie besonders neugierig sind, können Sie auch auf YouTube nach „Hormuth" und „Feeling" suchen, dann finden Sie ein Video davon. Falls uns nicht Boris Johnson dazwischengekommen ist.

Ein Schlagertext also. Wenn Sie Berührungsängste haben, lesen Sie ihn nur vorsichtig quer. Sie werden merken, das wäre im Grunde ZDF-Fernsehgarten-tauglich. Lassen Sie sich fallen, so einen heiter-leichten Schluss haben Sie sich wirklich verdient, wenn Sie bis hier durchgehalten haben. Damit können Sie jetzt umgehen. Sie sind über die letzten 100 Seiten moralisch gereift, das kann man jetzt wagen.

Vielleicht wippen sie dazu mit dem Fuß oder sagen Alexa und Siri, dass sie in Ihrem Smart-Home jetzt mal die Disco-Beleuchtung einschalten sollen. Ich schenke Ihnen am Ende dieser Lektüre ein bisschen verbalen Glitter, einen emotionalen Absacker. Ein Bullshit-Edeldestillat.

Und auch, wenn alle Leser unter Dreißig keine Ahnung haben, was das bedeuten könnte, sage ich: „Band ab!"

FEELING

Du und ich, wir zwei, das ha´m wir davon
Wir stehen hier wie Romeo und Julia, bloß ohne Balkon
Ein gewisser Reclam hat das mal geschrieben
Das Buch war gelb
Mehr ist bei mir nicht hängen geblieben

Wir sind wie dieser Song, gut gemeint, aber heftig
Reim´ dich, oder ich fress´ dich,
gleich hier auf dem Esstisch!
Stell´ keine Fragen, sonst müsst´ ich was sagen
Liebe wird heiß gegessen und schlägt auf den Magen!

Vom Feeling her – hatt´ ich ein gutes Gefühl
Doch der Schnee in deinem Herz
War für die Jahreszeit zu kühl
Vom Feeling her – war es emotional
Doch deine Tränen sind wie Bier
Abgestanden und schal!

Zu Andrea Berg kam mal ein Prophet
Doch auch sie konnte ihm nicht erklären,
um was es hier geht!
Zwei Herzen im Takt, der Roland Kaiser ist nackt
Und du nennst mich Helene, ich glaube, es hackt!

Sieh doch, was die Wolken dort
für uns ins Blaue schreiben:

Ein Gruß von den Amigos, sie wollen Freunde bleiben
Die Hände zum Himmel, den Kopf in den Sand
Wir haben uns schon viel zu lange die Hirne verbrannt

Vom Feeling her ...!

Mein Wand-Tattoo und du, ihr lasst mir keine Ruh'
Ihr sagt, es muss sich was ändern,
und ich sag' schubidu
Du berührst mein Herz, so wie ein Kind
Diese halslosen Dinger, die schreien,
und nicht umtauschbar sind.

Musik hat mich im Grunde nie wirklich interessiert
Und ich glaube, auch ich bin ihr egal
– es ist kompliziert!
Was bleibt zu hoffen? Ich sag' es ganz offen:
Im Schlager wird wenig gekifft,
aber dafür mehr gesoffen

Vom Feeling her – hatt' ich ein gutes Gefühl!

Vielen Dank. Sie waren ein wunderbares Publikum!

Danke an die vielen Menschen, die dieses Buch, meinen Beruf und das inspirierende Drumherum erst möglich gemacht haben. Zuallererst meiner Frau Nicole für diese ganz große Durch-Dick-und-Dünn-Sache. Meinem Sohn Jannik dafür, dass er mir die Welt erklärt. Meinen Eltern Heinz und Gunda für ihre Begeisterung seit gefühlt hundert Jahren. Meinem Agenten und Manager Daniel Bertsch für gute Ideen und den unermüdlichen Kampf. Meinen Regisseur Lutz von Rosenberg Lipinsky für den Input und den feinen Schlagabtausch. Sven Klügl für die vielen Fotos. Der Mannheimer Klapsmühl' am Rathaus für die Treue. Kathrin Hentzschel für die richtigen Buchstaben an der richtigen Stelle. Und natürlich an die vielen Bullshitter da draußen – früher oder später kriegen wir euch!

INDEX

www.frederic-hormuth.de

Grenzfrequenz Künstlermanagement
Daniel Bertsch
Obere Milbe 36-38
74821 Mosbach

www.grenzfrequenz.de